Cet ouvrage a été réalisé par les éditions Milan
avec la collaboration de Josselin Rieu pour la correction.

Mise en pages : Bertrand Loquet
Illustration de couverture : Julie Guillem

1, rond-point du Général-Eisenhower
31101 Toulouse Cedex 9, France.
editionsmilan.com

Dépôt légal : mai 2024
ISBN : 978-2-408-04545-6

Achevé d'imprimer au 2e trimestre 2024 en Roumanie par Rotolito

Ce livre a été imprimé sur du papier issu de forêts gérées durablement.
Plus d'informations sur la fabrication de nos livres :
editionsmilan.com/comment-fabriquons-nous-nos-livres

Tu vides tes étagères et connais déjà ce livre par cœur ?
Donne-le !

PEFC
PEFC/46-31-13
Certifié PEFC
Ce produit est issu de forêts gérées durablement et de sources contrôlées
www.pefc.ro

activités

COPAIN

SPORTS RIGOLOS

Texte de
Cédric Faure

Illustrations de
Fabrice Mosca

milan

LES 4 RÈGLES D'OR D'UN SPORTIF

Bienvenue dans la bande !

Tu rêves d'être un athlète incroyable ? C'est parfait, tu as trouvé le livre qu'il te fallait. Nous, on aime les sports étonnants, farfelus, rigolos, et on va t'accompagner dans l'organisation de compétitions qui décoiffent. Tu verras, avec nous, les médailles se remportent à gogo !

Effort

Walter O'Phil

Rien n'est gagné d'avance ! Pour réussir, Il faut des efforts, du travail et du temps ! Mais tu dois aussi savoir perdre et accepter l'échec pour progresser. En persévérant, tu pourras surmonter tous les défis !

Esprit d'équipe

Anne de Balleux

Être solidaire et fair-play ! C'est comme ça que tu permettras à ton équipe de progresser collectivement. En travaillant ensemble, on peut déplacer des montagnes.

Confiance en soi

Inès Krimeu

Tu dois croire en tes capacités et surtout prendre du plaisir dans ce que tu fais. La confiance en soi, c'est indispensable pour réussir et être performant dans les épreuves sportives.

Prise de risque

Bob Seleigue

C'est bien de s'entraîner dur, de repousser ses limites, de répéter les mêmes gestes… encore et encore. Mais, parfois, tu devras prendre des risques pour être le meilleur !

Matosmètre

Il te renseigne sur la quantité de matériel à réunir.

Athlétomètre

Il t'indique le nombre minimum d'athlètes que tu dois rassembler pour le bon déroulement de l'activité.

Trainingmètre

Il t'avertit du caractère sportif de l'épreuve et t'indique à quel point tu dois t'entraîner pour bien réussir ton activité.

A

Adulte obligatoire

L'exemple à ne pas suivre

LE TRICHEUR

Le tricheur fait preuve d'un mauvais comportement en enfreignant les règles du jeu ou d'une épreuve.

Il peut tricher dans une compétition pour essayer de gagner plus.

Le tricheur peut utiliser des complices, une technique ou des outils interdits pour parvenir à son but.

Certains exemples de triche sont très graves.

Dans une course de vélos, le sabotage du matériel d'un adversaire peut entraîner des conséquences sérieuses, comme une chute très grave.

Au tennis, des joueurs ont avoué avoir fait exprès de perdre un match ou certains points contre de l'argent.

Enfin, dans le sport, le dopage est considéré comme une triche inexcusable. Régulièrement, des sportifs de haut niveau sont accusés de dopage. Cela veut dire qu'ils ont utilisé des produits interdits pour améliorer leurs performances. S'ils sont découverts, ils peuvent se faire retirer leurs titres de champions et être interdits de compétitions sportives. Et cela peut aussi avoir de graves conséquences sur leur santé !

L'astuce d'Anne de Balleux

Pour garantir des compétitions équitables et justes, il faut être fair-play, c'est-à-dire adopter un comportement de beau joueur. Bref, un comportement à l'opposé de celui du mauvais perdant et du tricheur !

Tout sportif doit être fair-play dans le sport qu'il pratique. Tu dois tout mettre en œuvre pour gagner, grâce à tes entraînements physiques et à ta préparation mentale, mais pas à n'importe quel prix.
Tu dois respecter les règles, accepter les décisions de l'arbitre, ne pas être agressif envers tes adversaires, qu'il faut respecter, comme tes partenaires.
Être fair-play, c'est aussi savoir rester calme et maître de soi dans la victoire comme dans la défaite. Félicite ton adversaire.
Enfin, tu dois refuser toute forme de tricherie ou de dopage et t'interdire tout comportement violent.

SOMMAIRE

GARDE TON SOUFFLE !

POUR UNE COMPÈTE RÉUSSIE

ÇA ROULE, ÇA GLISSE !

HAUT LES MAINS !

À FOND LES BALLONS !

ATTENTION, ÇA MOUILLE !

POUR UNE COMPÈTE RÉUSSIE

Seul ou en équipe, tu veux participer à des compétitions et devenir un champion ? Tu rêves de monter sur le podium, et peut-être de remporter une médaille ou une coupe ? Découvre comment fabriquer ces récompenses qui symbolisent aussi les valeurs du sport et de la compétition : le dépassement de soi, l'engagement, la performance, le respect ou encore l'entraide.

Bien compter les points, c'est important pour établir le classement !
On va te montrer comment fabriquer un podium pour la remise des prix.
Prévois aussi de belles récompenses pour tes copains compétiteurs !
Une médaille, c'est joli... Mais ce qui l'est encore plus, c'est de donner le meilleur de soi !

Une coupe pour les vainqueurs

Au football, au rugby ou encore au tennis… de nombreuses compétitions permettent aux vainqueurs de gagner des coupes. Pour les sportifs, c'est un symbole de succès. Alors, pour récompenser tes amis champions, à toi de créer une belle coupe !

Matosmètre — Athlétomètre — Trainingmètre

Le matériel

- une bouteille de soda vide en plastique lisse
- du papier aluminium
- du bolduc (ruban décoratif) doré
- une paire de ciseaux
- un pistolet à colle et ses bâtons de colle
- un petit morceau de carton
- de la peinture dorée
- un pinceau
- un feutre noir

1 Coupe la bouteille en plastique de façon à obtenir 4 morceaux :

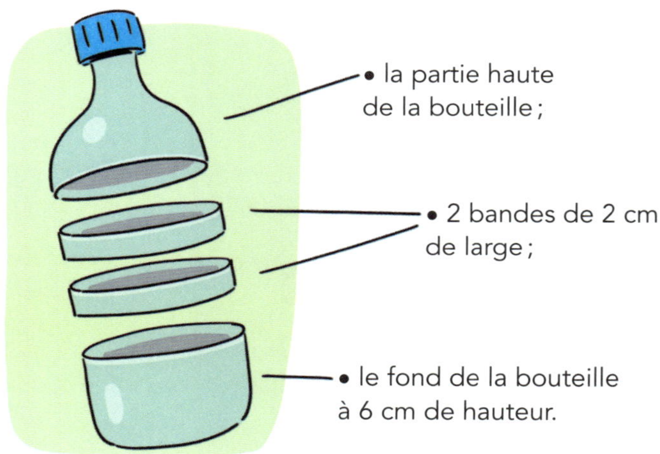

2 Recouvre ces quatre éléments de papier aluminium. Veille à bien l'aplatir sur le plastique.

3 Utilise le haut de la bouteille pour faire la partie haute de la coupe. Décore-le en collant du bolduc doré sur le bord large et autour du goulot.

4 Colle ensuite les deux bandes de plastique recouvertes d'aluminium sur la coupe de manière à créer une poignée décorative de chaque côté.

5 Retourne le fond de la bouteille : ce sera le socle de la coupe.

6 À l'aide du pistolet à colle, fixe le haut de la coupe sur son socle. Tiens correctement le tout pendant le séchage de la colle pour que ta coupe soit bien droite.

7 Pour finir, tu peux préparer une plaque à coller sur le socle de la coupe. Pour cela, découpe dans du carton un rectangle de 8 × 2 cm.

8 Donne-lui une belle couleur dorée en le peignant. Lorsque la peinture est sèche, tu peux écrire en noir, sur la plaque obtenue, des informations sur le vainqueur et l'épreuve réalisée. Par exemple, « CHAMPIONNE D'ESCRIME ».

9 Il ne reste plus qu'à coller cette plaque sur le socle de la coupe avant de la confier au vainqueur.

Comme tu ne sais pas à l'avance qui va remporter une épreuve, ni si c'est une fille ou un garçon, tu peux fabriquer séparément des coupes et des plaques sans inscription. À la fin d'une compétition, tu complètes alors la plaque au feutre noir et tu la colles sur la coupe.

Or, argent, bronze… ou chocolat !

Les médailles d'or, d'argent et de bronze sont décernées aux meilleurs athlètes de chaque compétition… et la médaille en chocolat au plus grand gourmand ! Que dirais-tu de concevoir tes propres médailles pour récompenser tes copains sportifs ?

Matosmètre — Athlétomètre — Trainingmètre

Le matériel

- des petites pâtes alphabet
- une pince à épiler
- des couvercles de petits pots
- de la colle liquide
- de la peinture dorée, argentée et rouge
- un pinceau
- des trombones
- un pistolet à colle et ses bâtons de colle
- du papier aluminium
- du ruban en tissu
- une paire de ciseaux

1 Commence par trier les pâtes alphabet en mettant de côté celles qui te serviront à nommer les disciplines sportives sur tes médailles.

2 Pour faire une médaille, prends un couvercle et recouvre-le de colle liquide.

3 À l'aide de la pince à épiler, dispose les lettres sur le couvercle pour indiquer la discipline. Laisse sécher.

Tu peux utiliser un sèche-cheveux pour réduire le temps de séchage.

4 Quand tout est sec, peins l'ensemble avec de la peinture dorée pour une médaille d'or, avec de la peinture argentée pour une médaille d'argent. Pour faire une médaille de bronze, mélange de la peinture dorée avec un peu de peinture rouge.

5 Pour pouvoir accrocher la médaille, tu vas utiliser un trombone placé à l'intérieur du couvercle. Plie d'abord la grande pointe en équerre de façon à la faire dépasser du rebord du couvercle. Aligne-la avec les lettres au recto de la médaille, puis colle le trombone avec le pistolet à colle.

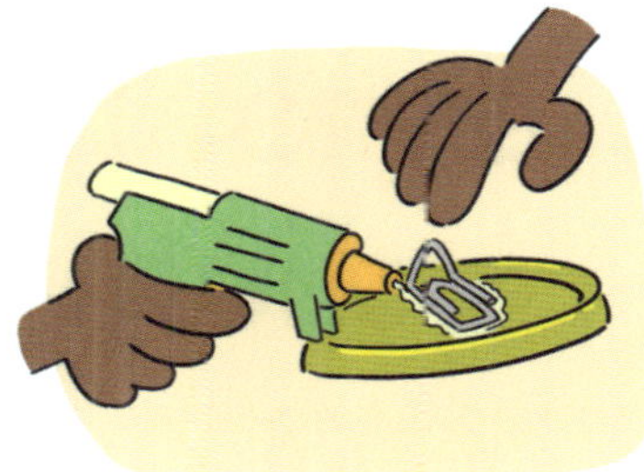

6 Pour finaliser le verso de la médaille, prépare d'abord une boule d'aluminium de la taille d'une balle de ping-pong.

7 Avec le pistolet à colle, fixe cette boule dans le couvercle et appuie dessus avec ta main pour l'aplatir et bien remplir tout le couvercle.

8 Coupe un morceau de ruban de 60 cm de long, puis glisse-le dans la pointe du trombone que tu auras repliée vers le bord. Noue les deux extrémités.

Variante

Si tu es gourmand, tu peux aussi réaliser des médailles à déguster après chaque victoire.

Le matériel

- des gâteaux sablés ronds
- du chocolat fondu
- des paillettes alimentaires dorées et argentées

Réalise un petit trou dans des gâteaux sablés ronds. Puis nappe-les de chocolat fondu.

Une fois le chocolat légèrement refroidi, saupoudre une face avec des paillettes dorées ou argentées. Ne mets pas de paillettes sur la médaille de bronze.

Lorsque le chocolat a bien durci, glisse le ruban dans les trous.

Trois marches, un podium

Quel sportif n'a pas envie de monter sur la plus haute marche d'un podium? Tes amis en rêvent! Rien de plus simple... Fabrique ce podium à trois marches sur lequel les vainqueurs recevront leur prix.

Matosmètre — Athlétomètre — Trainingmètre

Le matériel

- un marchepied
- un tabouret
- une chaise
- un drap blanc
- 3 feuilles blanches A4
- un feutre noir
- des pinces à linge
- des épingles de couture

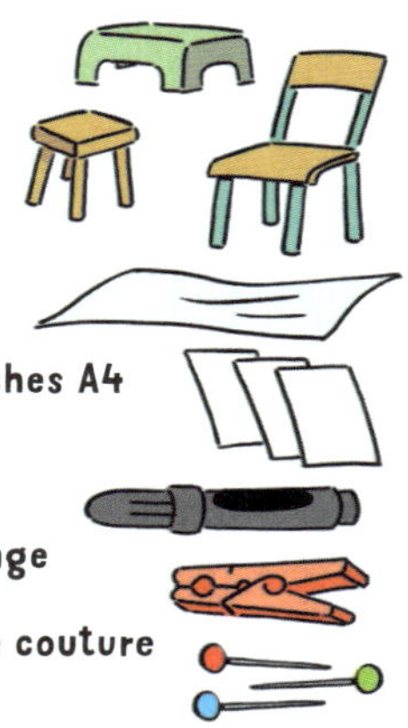

1 Commence par disposer les éléments composant ton podium : la chaise, le tabouret et le marchepied. Pour cela, mets la chaise, plus haute, au centre. Ce sera pour la première place.

> Le centre du podium est souvent plus haut pour accueillir le vainqueur triomphant, tandis que les deux autres compétiteurs terminant à la deuxième et à la troisième place se tiennent à côté de lui sur des marches moins hautes.

2 Installe le marchepied, l'élément le plus bas, à droite de la chaise. Il correspond à la troisième place.

3 Pour la deuxième place, installe le tabouret à gauche de la chaise.

> Pour une bonne stabilité de ton podium, choisis un tabouret carré. Ainsi, toutes les marches auront la même forme.

4 Pour avoir un beau podium tout blanc, recouvre l'ensemble avec un drap blanc.

5 Fixe-le sur la chaise, le tabouret et le marchepied à l'aide de pinces à linge, en suivant le forme des trois marches.

6 Avec le feutre noir, inscris respectivement les numéros 1, 2 et 3 sur trois feuilles différentes.

7 Utilise des épingles de couture pour accrocher les feuilles portant les numéros à la bonne place sur le drap : le 1 au centre du podium, le 2 à gauche et le 3 à droite.

Ton podium est maintenant prêt pour accueillir des remises de prix !

Un marqueur de points infaillible

Pour connaître les scores à tout moment lors d'une compétition, pour ne pas se tromper en additionnant les points, l'utilisation d'un marqueur de points, c'est bien pratique ! Je vais t'aider à en fabriquer un…

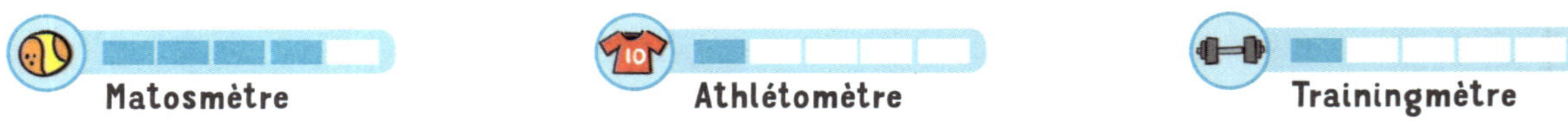

Le matériel

- du carton épais
- un crayon, un compas et une grande règle
- de la peinture et un pinceau
- 12 bouchons en plastique bleus
- 12 bouchons en plastique rouges
- une paire de ciseaux
- de la ficelle
- du ruban adhésif

1 Sur le carton, trace un rectangle de 60 cm de long et 30 cm de large. Puis découpe-le.

2 Avec la règle et le crayon, trace 3 colonnes de même dimension dans le sens de la hauteur. Chacune mesure 10 cm de large.

3 Sur la colonne du milieu, peins les numéros 0 à 11, dans l'ordre croissant, du haut vers le bas.

Pour avoir des chiffres réguliers, tu peux utiliser un pochoir.

En numérotant de 0 à 11, tu pourras par exemple tenir le score d'un match de tennis de table.

4 Puis fabrique 2 petits anneaux avec ce qu'il reste du carton. Commence par tracer un cercle avec l'un des bouchons. Avec le compas, trace un deuxième cercle à 5 mm du précédent, puis un troisième cercle à 1 cm du deuxième. Recommence l'opération et découpe les deux anneaux obtenus sans tenir compte du premier cercle tracé.

Ton anneau doit être un peu plus grand que le bouchon.

5 Reprends ton rectangle et colle les bouchons bleus dans la colonne de gauche, en face de chaque numéro. Fais de même avec les bouchons rouges dans la colonne de droite.

6 Coupe 2 morceaux de ficelle de 80 cm de long.

7 Pour chaque bout, attache un des anneaux à l'une des extrémités.

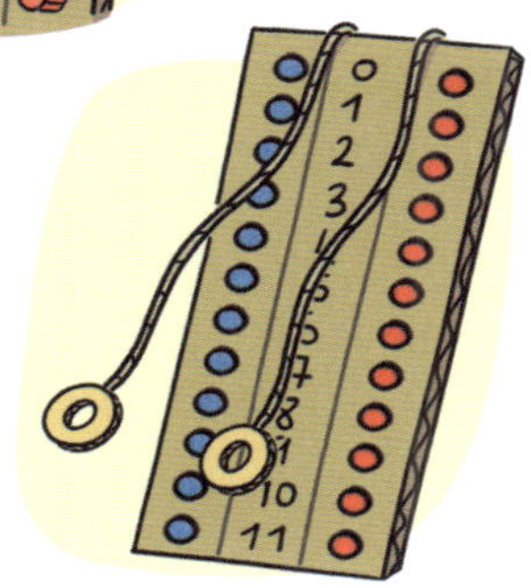

8 Colle l'autre extrémité de chaque ficelle en haut de la planche avec du ruban adhésif ; l'une entre la première et la deuxième colonne, l'autre entre la deuxième et la troisième colonne.

Ainsi, chaque anneau peut entourer les bouchons de la colonne correspondante, et te permettre de comptabiliser tes points d'un côté et ceux de ton adversaire de l'autre.

GARDE TON SOUFFLE !

Dans les grandes compétitions, les épreuves de course sont parmi les plus attendues. Il faut beaucoup s'entraîner pour être rapide et bien travailler sa respiration pour être endurant. Mais tu verras, il n'y a pas que pour la course qu'il faut du souffle !

Les activités de Walter O'Phil

L'activité d'Inès Krimeu

L'activité
de Bob Seleigue

Les activités
d'Anne de Balleux

Des courses pour tous les goûts

Tu es plutôt course de vitesse, course d'endurance ou course d'obstacles ? En athlétisme, il existe différentes catégories de course. Mais avec mon aide, tu vas pouvoir en créer de nouvelles.

Matosmètre | Athlétomètre | Trainingmètre

Le matériel

- de grands cartons
- une paire de ciseaux
- un crayon
- des tongs de plage
- un pistolet à colle et ses bâtons de colle
- de la ficelle

Une course à pied de géant

Préparation

1 Dans ton carton, découpe 2 rectangles de 70 cm de long et 35 cm de large.

2 Sur chaque rectangle, dessine la forme d'un pied géant. Puis découpe-le en suivant le contour.

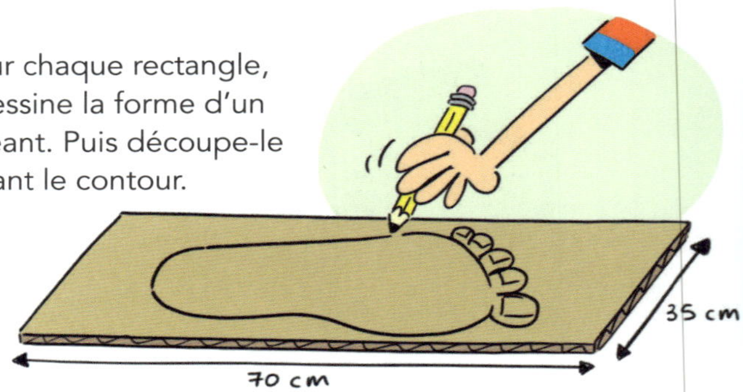

3 Au centre de chaque pied en carton, colle la tong correspondante (pied gauche et pied droit).

4 Une fois la colle sèche, la course va pouvoir démarrer. Il faut au moins 2 participants. Chacun doit avoir 2 pieds géants (un pied gauche et un pied droit).

Top départ !

Il faut définir la piste de course (en ligne droite ou avec un virage) et préparer les lignes de départ et d'arrivée avec une ficelle posée sur le sol. Vous pouvez courir à 2 ou plus. Le premier arrivé a gagné !

Ce n'est pas si simple de courir quand on chausse du 65…

Des courses, il y en a pour tous les goûts. Les sprints sont les plus courtes et les plus rapides : il faut courir le plus vite possible sur une distance de 100, 200 ou 400 m. Il existe aussi des courses d'endurance : le demi-fond pour les distances de 800 et 1 500 m, et les courses de fond avec 5 000 ou 10 000 m de piste. Certaines courses se déroulent parfois en dehors des stades, comme le semi-marathon et le célèbre marathon long de 42 km.

La course d'obstacles

Si la course à pied de géant sur terrain plat est trop facile pour toi, tu peux essayer d'ajouter des obstacles. Pour cela, il te suffit de créer 3 haies différentes espacées de quelques mètres.

Le matériel

- **2 chaises**
- **une corde**
- **des boîtes à chaussures**
- **de l'adhésif double face**
- **12 ballons de baudruche**
- **de la ficelle**

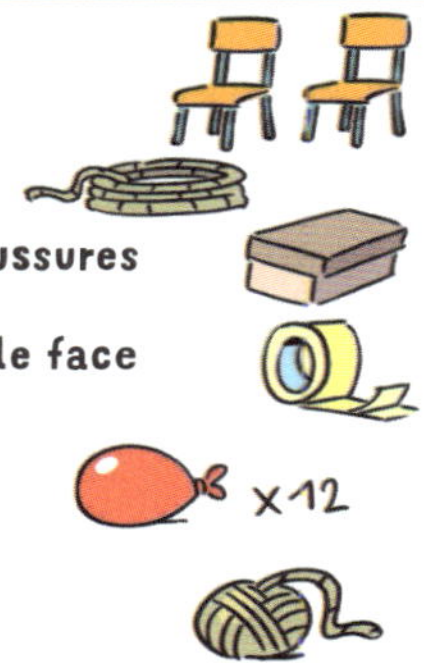

Préparation

1 Pour faire la première haie, tends une corde entre deux chaises à environ 20 cm de hauteur.

2 Puis, avec des boîtes à chaussures, construis un petit mur de 40 cm de haut. C'est la deuxième haie.

Pour solidifier ton mur, colle les différentes boîtes entre elles avec de l'adhésif double face.

3 Enfin, pour ton dernier obstacle, attache 12 ballons de baudruche entre eux avec de la ficelle et dispose-les pour former 2 rangées de 6 ballons collées l'une à l'autre.

Top départ !

Le vainqueur est celui qui franchit l'arrivée en premier en ayant passé tous les obstacles sans les toucher. Tu peux corser la course en prévoyant plusieurs tours.

En athlétisme, les courses de haies comportent 10 obstacles à franchir sur des distances variant de 100 à 400 m.

La marche à petits pas

Le matériel

- du carton 
- une paire de ciseaux 

Préparation

1 Prépare plusieurs morceaux de carton de forme carrée et de 20 cm de côté.

2 Trouve une piste en ligne droite de 20 m de long. Marque la ligne de départ et la ligne d'arrivée.

La marche athlétique est aussi une course d'endurance, mais cette fois on se déplace en marchant : c'est-à-dire qu'on doit toujours avoir un des deux pieds au sol.

Top départ !

1 Pour faire la course, il faut au moins 2 coureurs. Chacun dispose de 2 carrés en carton. Au départ, chaque athlète pose ses pieds sur un carton et tient l'autre dans ses mains.

2 Dès que le départ est donné, chaque coureur pose par terre le carton qu'il a en main juste devant celui à terre, puis se déplace dessus et ramasse celui qui vient d'être libéré.

3 Et ainsi de suite : chaque participant avance en posant par terre le carton libre, en montant dessus et en ramassant le précédent. Et cela, jusqu'à l'arrivée.

4 Le premier qui franchit la ligne d'arrivée a gagné. Mais attention ! Celui qui pose un pied en dehors du carton doit recommencer au départ.

La course guidée

En para-athlétisme, un athlète malvoyant ou non voyant est accompagné d'un guide pour pouvoir s'orienter pendant une course. Tous deux sont reliés par un lien qui les unit pendant toute la course. Trouve un copain guide et essaye de courir les yeux masqués !

Matosmètre

Athlétomètre

Trainingmètre

Le matériel

- un vieux drap ou du tissu
- une agrafeuse et des agrafes
- du ruban élastique de 3 cm de largeur
- une paire de ciseaux
- une règle
- un collant

Le masque occultant

1 Découpe dans le drap une bande de tissu de 1 m de long et 10 cm de large.

2 Replie la bande une fois en deux par le milieu, puis encore en deux toujours par le milieu. Tu obtiens un bandeau de 25 cm avec 4 épaisseurs.

3 Agrafe le bandeau pour qu'il ne s'ouvre plus.

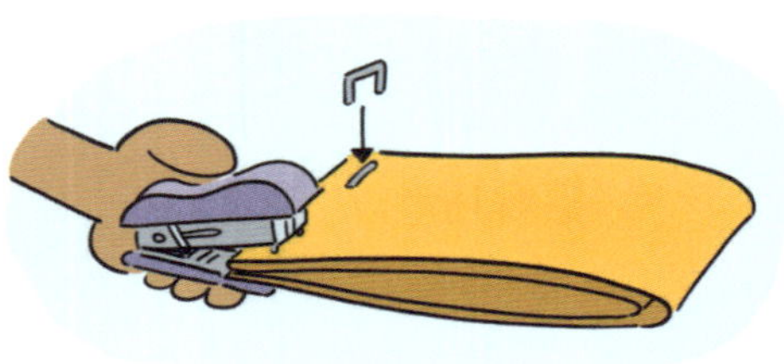

4 Découpe 2 morceaux de ruban élastique de 45 cm de long.

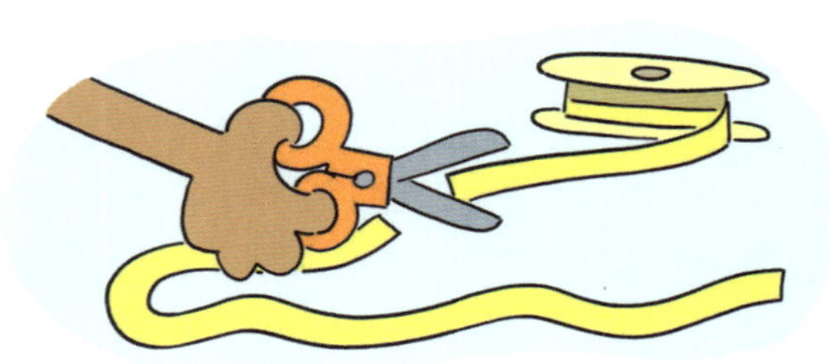

5 Agrafe les extrémités des rubans sur les petits côtés du bandeau (en haut et en bas).

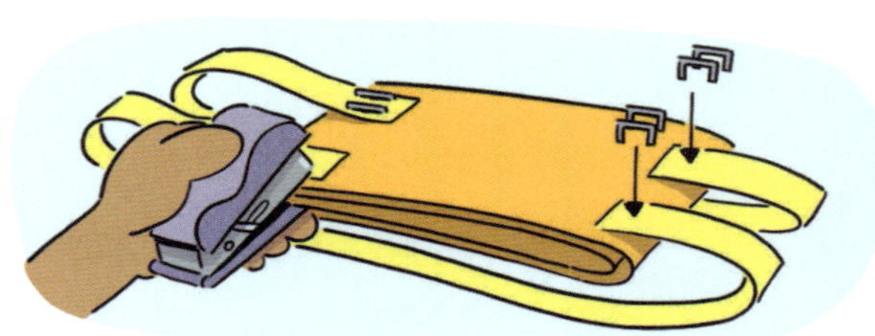

Lorsque tu agrafes le tissu et le ruban, veille à glisser un côté de l'agrafeuse à l'intérieur du bandeau, entre la 3e et la 4e épaisseur de tissu. Ainsi, il restera une couche de tissu sans agrafes : c'est celle qui viendra au contact de tes yeux pour les cacher.

Le lien

1 Coupe le collant en haut de chaque cuisse pour retirer la partie haute.

2 Sur une des jambières, fais un nœud au niveau du pied pour former une poignée.

3 Dans le drap, découpe des bouts de tissu et glisse-les à l'intérieur du collant pour obtenir une sorte de boudin de 50 cm de long.

4 Puis referme l'autre extrémité de la jambière en la nouant pour faire une seconde poignée.

Top départ !

Il faut au minimum 2 binômes de coureurs pour s'affronter. Dans chaque binôme, l'un des sportifs enfile le masque occultant et prend le lien en main pour être guidé par son coéquipier.

Il s'agit alors de courir droit et en confiance sur une distance de 20 m pour franchir en premier la ligne d'arrivée.

Mais attention ! Ne lâche jamais le lien qui t'unit à ton guide pendant toute la course, sous peine de te faire éliminer.

Passe le témoin !

La course de relais, tu connais ? C'est une épreuve qui se fait en équipe de 4. Chacun court la même distance. Le premier s'élance et passe le témoin au deuxième, qui lui-même le transmet au troisième, et ainsi de suite. À toi de fabriquer ce fameux témoin…

Matosmètre – **Athlétomètre** – **Trainingmètre**

Le matériel

- des rouleaux de carton (essuie-tout)
- du carton
- du ruban adhésif
- une paire de ciseaux
- du sable
- de la peinture et un pinceau

Avant de commencer ton épreuve de relais, tu dois former au moins 2 équipes de relayeurs et t'assurer d'avoir des témoins. Ce sont de petits tubes cylindriques qui vont passer de main en main. Il ne faut pas les laisser échapper.

Pourquoi dit-on « passer le témoin » ? Cette expression vient d'un jeu organisé par des pompiers américains en 1893. Ces derniers avaient organisé une course où les membres se passaient un drapeau rouge tous les 300 m. L'idée a plu et le drapeau, témoin du passage, est devenu un bâton en bois. En passant de la main d'un coureur à celle d'un autre, il permet de vérifier que le relais se fait en respectant les règles.

Pour fabriquer un témoin, rien de plus simple.

1 Sur le carton, trace 2 cercles d'un diamètre égal à celui d'un rouleau, puis découpe-les.

2 Avec du ruban adhésif, bouche l'une des extrémités du rouleau avec l'un des deux disques obtenus.

Il te faut autant de témoins qu'il y a d'équipes de coureurs.

3 Remplis le tube avec du sable bien sec. Tu peux modifier le poids de ton témoin en mettant plus ou moins de sable dans celui-ci.

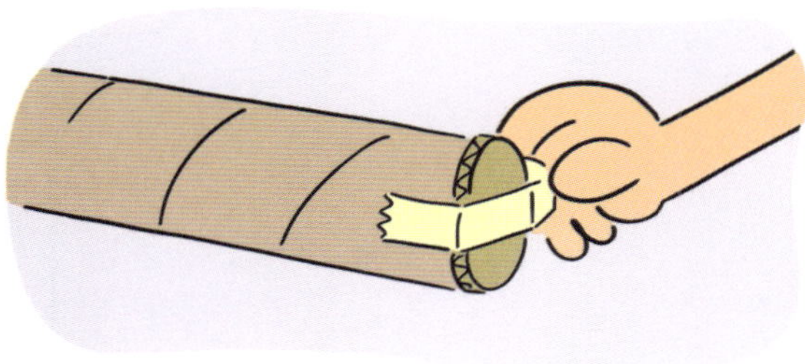

4 Ferme l'autre extrémité du tube avec le second disque en carton et du ruban adhésif.

5 Décore maintenant ton témoin avec de la peinture.

Foot-souffle

Tu veux organiser un super tournoi de football pour t'amuser à la maison, loin des terrains et des consoles de jeux ? Voici une manière originale de jouer, avec peu de matériel. À toi les séances de penaltys !

Matosmètre

Athlétomètre

Trainingmètre

Le matériel

- un couvercle de boîte à chaussures
- un gros pinceau
- de la peinture verte
- un feutre blanc
- une règle
- une paire de ciseaux
- de la colle
- une bouteille d'eau carrée de 1,5 l
- une boule cotillon de couleur blanche
- 2 pailles (recyclables)
- un minuteur

Pour rendre ton terrain encore plus réaliste, ajoute des sponsors. Pour cela, découpe des emballages ou des publicités de produits que tu aimes bien et colle leurs noms sur les côtés du terrain.

Préparation

1 Commence par peindre en vert l'intérieur du couvercle de la boîte à chaussures. Ce sera le gazon.

2 Une fois la peinture sèche, prends une règle et trace les lignes du terrain de foot avec le feutre blanc.

3 Dans la bouteille, découpe 2 carrés de plastique d'environ 2 cm d'épaisseur pour former les buts. Colle-les à leur place sur le terrain.

4 Utilise une boule cotillon blanche pour faire le ballon.

Avec le minuteur, prévois 3 parties de 5 minutes.

Variantes

• Tu peux aussi organiser un tournoi avec plusieurs équipes de 2.

Et l'équipe victorieuse gagnera une belle coupe !

• Tu peux également placer des obstacles sur le terrain, comme des cailloux ou des bouchons. Dans ce cas, chacun des participants choisit 5 éléments et les place à sa convenance.

Top départ !

Pour jouer au foot-souffle, il faut être 2. Chaque joueur prend une paille et doit souffler sur la boule cotillon.

Arriveras-tu à souffler suffisamment fort pour marquer un but ?

Rugby-bulles

Tu préfères jouer au rugby à 7, 13 ou 15 ? Ou peut-être au beach-rugby ? Moi, je te propose... le rugby-bulles. Tu peux y jouer à 2, sans plaquages et avec un ballon-bulle.

Matosmètre — Athlétomètre — Trainingmètre

Le matériel

- 2 tuteurs en bois ou en bambou de 2 m environ
- 2 m de ficelle
- un saladier
- de l'eau
- du liquide vaisselle
- du sucre
- de la fécule de maïs
- une bouteille en plastique
- une cuillère à soupe
- une paire de ciseaux

Le terrain

1 Choisis un espace dégagé de 20 m^2 environ.

2 À 1 m du fond, mesure un espace de 1,50 m entre les deux tuteurs et enfonce-les dans le sol à 20 cm de profondeur.

3 Puis tends la ficelle à 1,50 m du sol entre les deux tuteurs.

Ta zone d'en-but est prête !

Le ballon-bulle

Tu vas maintenant apprendre à réaliser de grosses bulles de savon en guise de ballon.

1 Commence par verser 40 cl d'eau dans un saladier.

2 Ajoute 10 cl de liquide vaisselle, 3 cuillères à soupe de sucre et 1 cuillère à soupe de fécule de maïs. Et mélange bien l'ensemble avec la cuillère.

La fécule de maïs et le sucre servent à épaissir le mélange et à rendre plus solides les bulles géantes ainsi formées.

3 Pour créer l'ustensile qui te permettra de former des bulles de grande taille, découpe une bouteille en plastique au milieu de sa hauteur et garde la partie haute.

4 Ainsi, après avoir trempé la demi-bouteille dans le mélange, tu peux souffler dans le goulot pour former un gros ballon-bulle de rugby.

Top départ !

Pour débuter le match de rugby-bulles, les deux concurrents trempent leur demi-bouteille dans le mélange et viennent se placer à 3 m des poteaux.

Après avoir formé sa bulle, chaque rugby-bulleur doit souffler dessus pour la faire passer entre les poteaux et espérer marquer.

Le premier qui réussit remporte le match.

Variante

S'il y a plus de 2 joueurs, il suffit d'éloigner les deux poteaux l'un de l'autre et d'allonger la ficelle.

On peut aussi jouer un par un ou faire des équipes de 2 ou 3 qui jouent l'une après l'autre. Dans ce cas, on additionne les points sur un laps de temps donné (5 minutes par exemple).

Saut à skis

Le saut à skis est un sport d'hiver dans lequel les skieurs descendent une pente sur une rampe pour décoller et essayer d'aller aussi loin que possible. Et toi, jusqu'où arriveras-tu à lancer ton sauteur à skis ?

Matosmètre — Athlétomètre — Trainingmètre

Le matériel

- une feuille de Canson
- une feuille de papier
- un crayon noir et des crayons de couleur
- une paire de ciseaux
- du ruban adhésif
- de la colle
- un mètre ruban

En saut à skis, le skieur place ses skis en V lorsqu'il est en l'air. Fais de même sur ton dessin.

Préparation

1 Dessine et colorie sur une feuille de Canson un skieur en train de sauter. Celui-ci doit mesurer entre 7 et 8 cm.

2 Découpe ton skieur sauteur, sans suivre les contours, comme s'il se trouvait sur un cerf-volant.

3 Sur une feuille de papier normal, trace un carré de 6 cm de côté ainsi qu'un rectangle de 18 cm de long et 4 cm de large. Puis découpe ces deux formes.

4 Enroule les deux formes géométriques obtenues pour créer 2 pailles. Fixe-les avec du ruban adhésif. Assure-toi que la paille la plus longue puisse coulisser dans la plus courte.

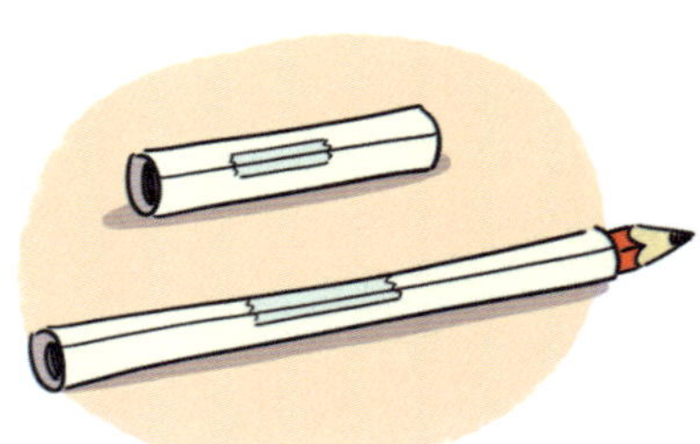

Pour t'aider, tu peux rouler le papier le plus long autour d'un crayon.

5 Bouche une extrémité de la petite paille avec un morceau de ruban adhésif.

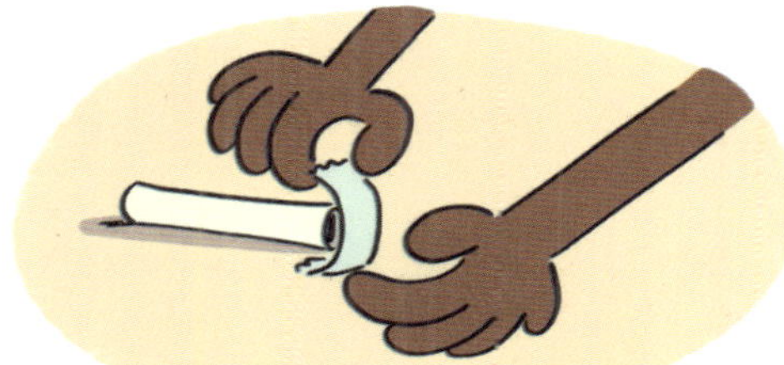

6 Utilise de la colle pour fixer la paille la plus courte au dos du skieur. L'extrémité bouchée de la paille doit être au niveau de la tête du sauteur à skis.

7 Installe un mètre ruban au sol.

En compétition, en plus de la longueur, les juges attribuent des points au style en vol et à l'atterrissage du sauteur.

Top départ !

Enfonce la longue paille dans la paille plus courte.

Place-toi au début du mètre ruban et souffle aussi fort que possible dans la paille pour que ton sauteur à skis atterrisse le plus loin possible.

Tu peux tenir la paille horizontalement ou verticalement. C'est la force de l'air traversant la paille qui fait décoller le sauteur à skis.

Une médaille d'or est décernée au joueur dont le sauteur atterrit le plus loin !

ÇA ROULE, ÇA GLISSE !

Quel que soit le moyen de déplacement utilisé, il y a toujours des règles à respecter pour une compétition réussie. Il faut aussi réunir le matériel nécessaire, déterminer le nombre de participants… et choisir un arbitre pour surveiller le bon déroulement de l'épreuve, chronométrer et compter les points.

Les activités
d'Anne de Balleux

Les activités
de Walter O'Phil

Les activités
d'Inès Krimeu

Les activités
de Bob Seleigue

La tête dans le guidon

Le cyclisme comprend plusieurs disciplines : sur route, sur piste, à VTT, avec un BMX... Et si tu imaginais une nouvelle épreuve ? Voici des idées pour créer un parcours... En selle pour enchaîner les obstacles... sans perdre les pédales !

Matosmètre **Athlétomètre** **Trainingmètre**

Le matériel

- 4 cordes de 4 m de long
- 4 bouteilles de 1,5 l
- du sable
- de la ficelle
- un cerceau
- un tabouret assez haut
- une balle
- un seau
- 2 planches en bois d'environ 2 m de long et 20 cm de large
- 6 tasseaux de bois de 2 cm d'épaisseur
- un chronomètre

Choisis bien le terrain dans un jardin ou dans la nature près de chez toi, sous l'œil attentif d'un adulte qui t'aidera à le préparer.

10 obstacles, c'est suffisant pour un parcours à vélo costaud ! Voici comment les installer dans l'ordre, en les espaçant les uns des autres de quelques mètres.

1 Prépare ta pédale et démarre en ligne droite en traversant un passage étroit marqué par 2 cordes parallèles, espacées de 50 cm.

2 Enchaîne avec un slalom entre 4 plots fabriqués avec des bouteilles remplies de sable. Tu peux bien sûr adapter la distance entre les plots.

3 Ensuite, fais du « surplace » pendant 4 secondes dans une zone rectangulaire délimitée avec de la ficelle. Le rectangle mesure 3 m de long et 1,50 m de large.

4 Dans un couloir large de 1 m fabriqué avec 2 autres cordes, roule tout droit en lâchant la main droite et en tournant la tête vers la droite.

Si tu as la possibilité d'accéder à une cour goudronnée, tu peux remplacer la ficelle par un tracé à la craie.

5 Plus loin, effectue un tour complet autour d'un cerceau posé au sol, en lâchant la main gauche. Tourne dans le sens inverse des aiguilles d'une montre, comme une voiture dans un rond-point.

6 Après ce rond-point, une planche est posée en travers sur le sol. Tu dois la franchir sans la toucher avec la roue avant.

7 Traverse maintenant une zone plus ou moins accidentée en te mettant debout sur les pédales pour amortir les secousses. Tu peux réaliser cette zone avec des tasseaux de bois espacés d'environ 20 cm.

8 Roule sur une planche sans en descendre ni mettre un pied à terre.

9 Passe à droite du tabouret et attrape une balle avec ta main gauche, puis lance-la dans le seau à ta droite.

10 Et, pour finir, stoppe la roue avant de ton vélo sur la ligne d'arrivée dans une zone carrée délimitée avec de la ficelle, puis pose le pied droit par terre, sans tomber bien sûr…

Pour la compétition avec tes copains, vous pouvez réaliser le parcours à tour de rôle en vous chronométrant. C'est celui qui enchaîne tous les obstacles sans erreur et le plus vite possible qui gagne !

Bobsleigh à roulettes

Le bobsleigh est un sport d'hiver. Par équipes de 2 ou 4, les athlètes doivent descendre le plus vite possible sur une piste étroite et glacée à bord d'une luge spéciale. Ici, pas de descente, ni de glissade sur la glace. Mais il va falloir fabriquer puis pousser une luge à roulettes.

A

Matosmètre | Athlétomètre | Trainingmètre

Choisis un carton rectangulaire dans lequel tu peux tenir assis.

Le matériel

- un gros carton
- un rouleau d'adhésif pour emballage
- une paire de ciseaux
- un panneau de bois aggloméré de 1,5 cm d'épaisseur, adapté aux dimensions du carton avec 20 cm de plus sur la longueur
- 4 roulettes pivotantes (sans frein) de 4 cm de diamètre
- des vis à bois de 12 mm de longueur
- un tournevis
- un pistolet à colle et ses bâtons de colle
- de la peinture
- de vieux magazines
- un chronomètre
- un adulte pour t'aider

L'avant du bobsleigh

1. Ferme le carton et retourne-le pour pouvoir travailler sur le fond. Sors l'un des petits rabats.

2. Trace un rectangle de 20 cm de largeur sur le côté où tu as sorti le rabat. Découpe les deux petits tracés (il s'agit en fait d'une partie des rabats longs).

3. Puis découpe le rabat sur chacun de ses côtés comme si tu le prolongeais.

4 Ramène le tout sur le carton pour former une face inclinée. Fixe l'ensemble avec du ruban adhésif large. C'est l'avant de ton bobsleigh.

5 Découpe les deux morceaux qui dépassent de chaque côté. Puis remets de l'adhésif pour solidifier cette partie.

L'arrière du bobsleigh

1 Tu vas maintenant t'attaquer au dossier. Pour cela, retourne ton carton. Attention, les quatre rabats sont bien fermés.

2 Sur le dessus, trace un rectangle de 20 cm de largeur identique à celui que tu as découpé dans la partie inférieure.

3 Découpe la grande longueur de ton tracé (il s'agit en fait des deux rabats longs à découper sur leur largeur à 20 cm du bord).

4 Redresse les deux rabats longs ainsi que le petit rabat à l'opposé de ta découpe.

5 Scotche les trois rabats ensemble pour qu'ils tiennent à la verticale.

6 Puis découpe en biais les deux rabats longs. Voilà l'arrière de ta luge terminé.

La plate-forme du bobsleigh

1 Avec l'aide d'un adulte, du tournevis et des vis, fixe les quatre roulettes dans chaque coin du panneau de bois, à environ 1 cm de distance des côtés.

2 Retourne ta planche à roulettes et colle ton carton dessus, en le centrant.

Attention, pour bien s'ajuster, la planche doit être de la même largeur que le carton mais avoir 20 cm de plus sur la longueur.

> Ton bobsleigh est principalement en carton. Mais sais-tu que les premières luges étaient fabriquées en bois, avant d'être remplacées par des luges en acier ?

La décoration du bobsleigh

Laisse libre cours à ton imagination pour décorer ton bobsleigh à roulettes.

Tu peux le peindre avec une ou plusieurs couleurs, recouvrir l'intérieur avec du papier à motifs, coller des pages de magazines pour faire un patchwork…

> L'origine du mot bobsleigh est anglaise. Ce mot se compose de deux parties : *bob*, qui signifie « se balancer », et *sleigh*, qui veut dire « traîneau ».

Top départ !

Et voilà, tu es prêt, non pas à dévaler une piste glacée mais à faire une course sur le plat.

Place ton bobsleigh sur la ligne de départ. Installe-toi dedans et demande à ton binôme de te pousser jusqu'à franchir la ligne d'arrivée, quelques dizaines de mètres plus loin. Vous pouvez aussi inverser les rôles.

Compare alors le temps mis pour parcourir la distance avec celui des autres équipes de bobeurs. L'équipe la plus rapide gagne une médaille.

Bobeur est le nom donné à celui ou celle qui pratique le bobsleigh.

Dans une compétition de bobsleigh à 2, les équipes sont formées d'un pilote et d'un freineur. Pour le bobsleigh à 4, il y a en plus 2 pousseurs.

Curling compact

Connais-tu ce sport où l'on balaye le terrain ? Bizarre et amusant, le curling fait toujours sensation ! Il faut faire glisser une pierre d'environ 20 kg sur une piste de glace de manière qu'elle s'arrête dans une cible, appelée la « maison ». Fabrique ton propre jeu de curling...

Matosmètre

Athlétomètre

Trainingmètre

Le matériel

- 6 bouchons de bouteilles en plastique
- 6 billes
- 3 gommettes autocollantes bleues
- 3 gommettes autocollantes rouges
- 3 feuilles blanches A4
- un compas
- des crayons de couleur
- du ruban adhésif

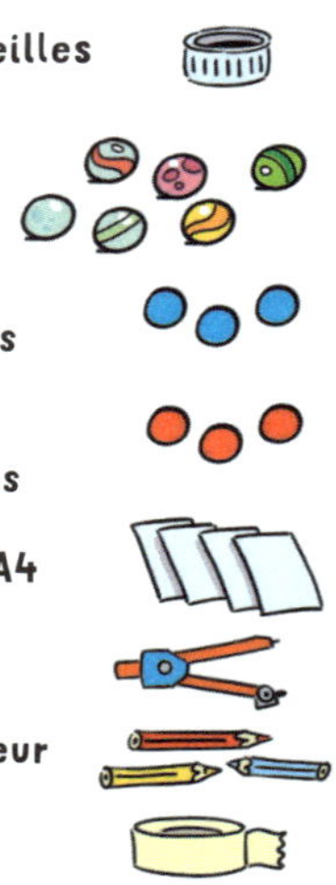

La pierre de curling

1 À la place de la pierre de curling, utilise un bouchon de bouteille en plastique.

2 Pour faire glisser le bouchon comme sur de la glace, pose-le sur une bille. Attention, le diamètre de la bille ne doit pas dépasser la hauteur du bouchon.

3 Teste alors ton montage en le faisant glisser sur une table. Tu vas voir, ça fait du bruit, comme au curling !

Le curling est aussi appelé « jeu rugissant », à cause des bruits que font les pierres lorsqu'elles glissent sur la glace.

4 Reproduis les étapes 1 et 2 pour créer 6 pierres au total (3 par joueur).

5 Pour les différencier, ajoute des gommettes autocollantes de deux couleurs distinctes (bleu et rouge par exemple) sur la face supérieure des bouchons.

La piste de curling

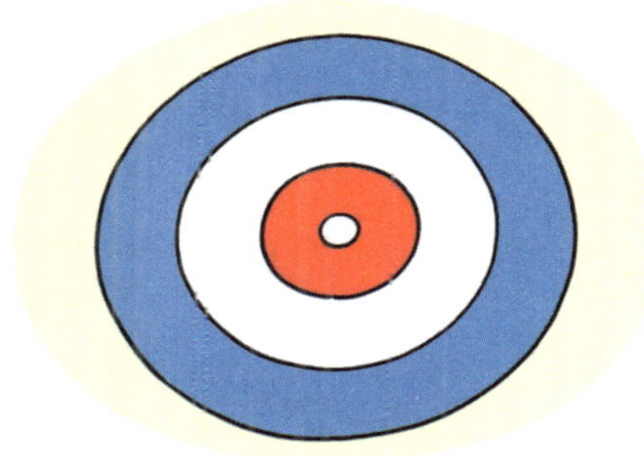

1 Pour fabriquer ta piste de curling, trace 4 cercles concentriques sur une feuille de papier. Puis colorie les quatre zones ainsi obtenues : en blanc au centre, puis en rouge, de nouveau en blanc et enfin en bleu.

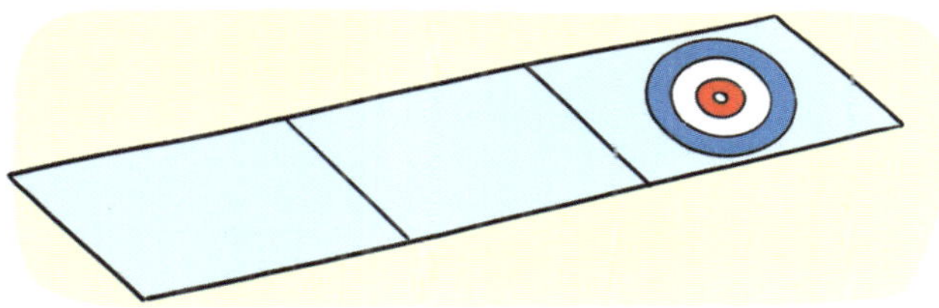

2 Avec le ruban adhésif, fixe les trois feuilles ensemble dans le sens de la longueur, en plaçant la cible à une extrémité.

> Au curling, pour que la pierre glisse le mieux possible vers le but, 2 joueurs frottent la glace avec des balais afin de former une fine pellicule d'eau qui améliore son glissement.

3 Installe la piste sur une table. La partie de curling peut commencer ! Le but est de faire glisser le bouchon sur la piste pour atteindre le centre de la cible.

Top départ !

Les participants jouent à tour de rôle. Comme à la pétanque, un joueur peut tenter de « tirer » une pierre adverse, c'est-à-dire d'envoyer l'une de ses pierres contre celle-ci de manière à l'éjecter de la cible.

Le gagnant est celui qui envoie ses pierres le plus au centre de la « maison ».

Hockey sur table et sur glace

Précision, vitesse, technicité et fun, tout cela caractérise ce sport collectif qu'est le hockey sur glace. Tu as déjà essayé ? Non ? Alors, avec cette activité, tu vas pouvoir toi aussi contrôler le palet sur la glace... mais sans patins et sur une table.

Matosmètre — Athlétomètre — Trainingmètre

Le matériel

- une grande barquette en aluminium de 2 100 ml
- une feuille cartonnée blanche A4
- un rouleau de couvre-livre transparent
- du ruban adhésif
- une paire de ciseaux
- une pièce de 2 €
- un crayon
- 2 feutres (un bleu et un rouge)
- une règle
- un pistolet à colle et ses bâtons de colle

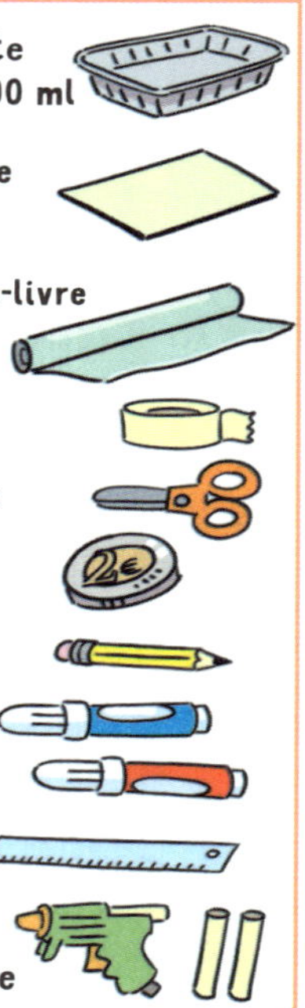

Le terrain

1 Pour fabriquer ta patinoire, tu as besoin d'une grande barquette en aluminium.

2 Avant de remplir la feuille cartonnée blanche, assure-toi qu'elle recouvre le fond de la barquette. Si nécessaire, tu peux légèrement découper les angles de la feuille.

3 Avec la règle et le feutre rouge, trace une ligne centrale au milieu de la feuille dans le sens de la largeur. Trace ensuite 2 lignes bleues parallèles à cette ligne centrale (une de chaque côté), à 4 cm de cette dernière.

4 Trace en rouge 2 lignes de but, à 4 cm du bord de chaque largeur de la feuille.

5 À l'aide d'un crayon, trace le contour d'une pièce de 2 € pour dessiner un cercle au milieu de la ligne centrale. Repasse ce cercle en bleu.

6 En t'aidant de la pièce, dessine un demi-cercle rouge sur chaque ligne de but, ainsi que 4 cercles rouges entre les lignes de but et les lignes bleues (2 de chaque côté).

7 Protège le terrain de hockey que tu viens de dessiner avec du couvre-livre transparent. Assure-toi de bien envelopper toute la feuille, recto et verso.

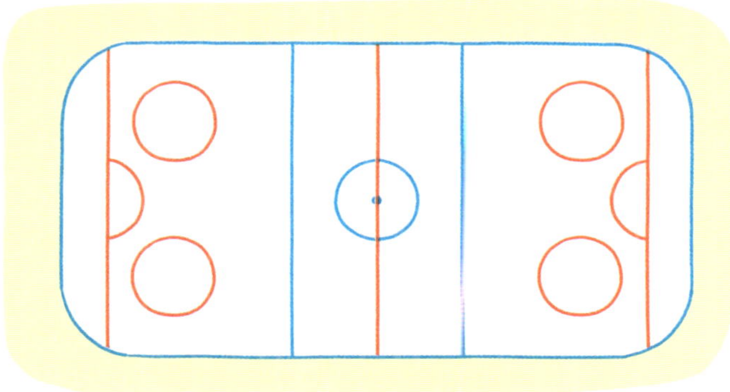

8 Recouvre parfaitement les plis du couvre-livre formés au verso avec du ruban adhésif pour bien fixer le film et rendre l'ensemble le plus hermétique possible.

9 Colle cette feuille sur le fond de la barquette en aluminium.

Le matériel

- **2 morceaux de fil électrique de 31 cm**
- **une pince**
- **des compresses**
- **une paille rouge**
- **une paille bleue**

Les buts

1 Avec un feutre, marque des repères sur les fils électriques en respectant les espaces suivants d'une marque à l'autre : 2 cm, 4 cm, 3 cm, 4 cm, 5 cm, 4 cm, 3 cm, 4 cm, 2 cm.

2 Reporte ces mêmes repères sur une paille bleue et une paille rouge.

3 Utilise la pince pour tordre plus facilement chaque fil afin de former 2 buts de hockey.

4 Avec des ciseaux, coupe les pailles en suivant les repères tracés précédemment. Tu obtiens 9 morceaux de chaque couleur.

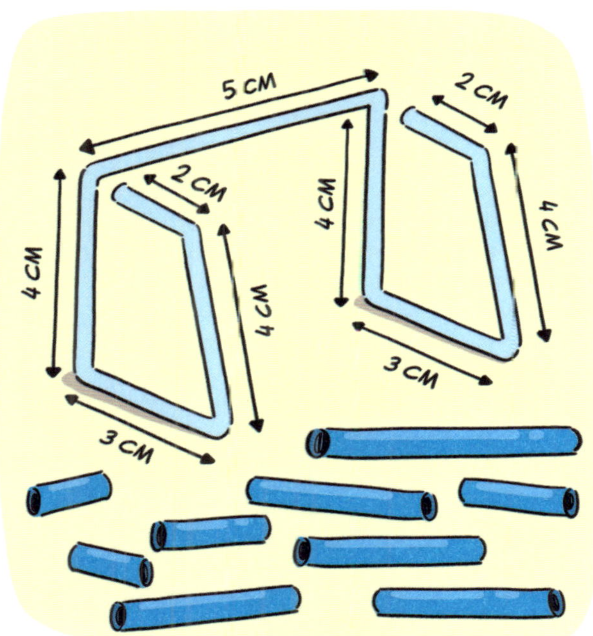

5 Réalise ensuite une ouverture dans chacun des morceaux dans le sens de la longueur.

8 Colle le but bleu et le but rouge sur ton terrain de hockey.

6 Pour faire le filet, recouvre chaque but avec un morceau de compresse préalablement découpé.

7 Enfile les morceaux de paille d'une même couleur sur les différents côtés de la cage pour bien maintenir la compresse en place. Puis découpe les morceaux de filet qui dépassent.

Le matériel

- **3 bâtonnets à glace**
- **du ruban adhésif isolant électrique de couleur bleue**
- **du ruban adhésif isolant électrique de couleur rouge**
- **un gros bouton**

La patinoire, les crosses et le palet

1 Lorsque la colle est sèche, verse de l'eau dans la barquette en aluminium sur environ 1 cm de hauteur. Place ensuite la barquette bien à plat au congélateur pour obtenir une super patinoire pour ton mini-terrain de hockey sur glace.

2 Pour réaliser les crosses, coupe les deux extrémités d'un bâtonnet à glace, à 3 cm du bord.

3 À l'aide du pistolet à colle, fixe ces morceaux sur les deux autres bâtonnets pour faire 2 crosses de hockey.

4 Tu peux ensuite les décorer avec des bandes de ruban isolant coloré pour avoir une crosse bleue et une rouge.

5 Pour le palet, c'est très simple ! Il te suffit d'utiliser un gros bouton.

Top départ !

Installe ton terrain de hockey sur une table.

Ce jeu de hockey sur table et sur glace se joue à 1 contre 1. Chaque hockeyeur prend sa crosse. L'engagement se fait en plaçant le palet dans le cercle central.

Pendant que l'un tente de lancer le palet dans le but adverse, l'autre fait le gardien et reste près de son but pour arrêter le palet. Puis on inverse les rôles.

Celui qui a marqué le plus de buts à l'issue de 3 périodes de jeu (de 2 minutes chacune) gagne le match.

Patinage magnétique

Tu connais le patinage artistique et le patinage de vitesse. On te propose de créer une autre catégorie : le patinage de vitesse... avec des aimants... Mais attention à ne pas vouloir aller trop vite, tu risquerais de perdre le contact magnétique !

Matosmètre

Athlétomètre

Trainingmètre

Le matériel

- une grande boîte de céréales
- une règle
- une feuille blanche A4
- de la colle
- une paire de ciseaux
- un compas
- un morceau de tissu noir
- une agrafeuse
- un pistolet à colle et ses bâtons de colle
- des crayons de couleur
- un chronomètre

La patinoire

1 Découpe les rabats de l'ouverture sur le côté supérieur de la boîte de céréales. Puis mesure les dimensions de cette ouverture et reporte-les sur un morceau de tissu noir en les augmentant de 4 cm chacune.

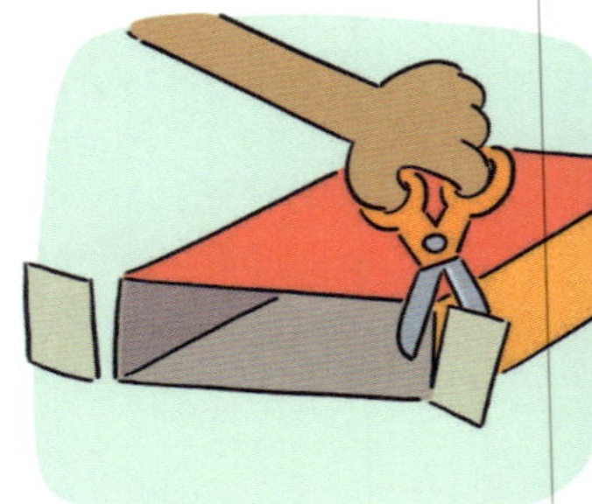

2 Fais un trou rond d'environ 2 cm de diamètre au centre du morceau de tissu. Puis agrafe le tissu sur les bords intérieurs de la boîte de manière à fermer l'ouverture.

3 Mesure les dimensions d'une des grandes faces de la boîte. Et reporte-les sur une feuille blanche. Découpe-la.

4 Sur cette feuille, avec le compas, trace un premier cercle dont le diamètre est égal à la largeur de la feuille. Puis trace un second cercle, plus petit que le premier de 3 cm. Repasse les deux cercles au crayon de couleur pour bien marquer les limites de la piste.

5 Indique par un trait au crayon la ligne de départ/arrivée sur la piste. Et colle la feuille sur l'une des grandes faces de la boîte de céréales.

Le matériel

- **2 aimants**
- **du papier à dessin cartonné**
- **une baguette de bois de 40 cm**

Le patineur

1 Dessine un petit personnage de 5 cm de hauteur sur du papier à dessin cartonné. Découpe-le, puis colorie-le au recto comme au verso. N'oublie pas de lui faire des patins à glace.

2 Pour fabriquer son support, découpe une bande en papier cartonné de 3 cm de long et 1 cm de large. Plie-la au centre et coupe une petite fente au milieu pour y insérer le patineur. Les extrémités sont repliées à plat contre le sol.

3 Colle ensuite un aimant en dessous, à l'aide du pistolet à colle, sous les extrémités repliées. Puis, lorsque c'est sec, place ton patineur sur la ligne de départ de ta piste de patinage.

4 Colle le second aimant sur l'extrémité de la baguette de bois.

Top départ !

La compétition de patinage de vitesse va pouvoir commencer. Munis-toi d'un chronomètre.

Au top, le joueur qui tient la baguette doit l'enfoncer à l'intérieur de la boîte, à travers le trou du tissu. Il faut le plus rapidement possible arriver à placer l'aimant de la baguette sous celui du patineur pour l'attirer et faire ainsi glisser le patineur sur la piste. Le patineur doit alors faire 3 tours de piste. Lorsqu'il franchit la ligne d'arrivée à l'issue des trois tours, le chronomètre est arrêté.

Un autre joueur prend le relais. Celui qui réalise le temps le plus court gagne…

Slalom géant

Participer à une compétition de ski sans neige… tout un programme ! Relève le défi en réalisant cette activité de slalom géant en binôme.

Matosmètre — Athlétomètre — Trainingmètre

Le matériel

- du ruban élastique de 3 cm de largeur
- du carton
- de la colle à bois
- une agrafeuse
- une paire de ciseaux
- une règle
- un crayon

Les skis

1 Dans du carton, découpe 6 rectangles de 20 cm de largeur sur 80 cm de longueur.

2 Découpe l'une des extrémités de chaque rectangle en forme d'ogive.

3 Sur 2 des formes découpées, réalise, dans le sens de la longueur, 2 fentes parallèles au milieu de la forme. Les fentes mesurent 3 cm de longueur et sont espacées d'environ 10 cm.

Un ski est composé de différentes parties :
- le patin, la partie située sous le ski ;
- la spatule, la partie à l'avant du ski ;
- le talon, situé à l'arrière du ski ;
- les carres, des arêtes métalliques sur les côtés du ski.

4 Coupe 2 bandes élastiques de 25 cm de longueur.

5 Prends une des bandes et insère les extrémités dans les fentes réalisées précédemment. Agrafe-la sur le carton.

6 Fais de même avec la seconde bande et le second morceau de carton fendu.

> Au début du XIXe siècle, le matériel du skieur est moins perfectionné qu'aujourd'hui. Les skis sont faits de 2 planches de frêne avec des fixations en lanières.

7 Avec de la colle à bois, colle ensemble 2 formes en carton, puis colle sur celles-ci une forme munie d'élastique, avec la bande élastique sur le dessus.

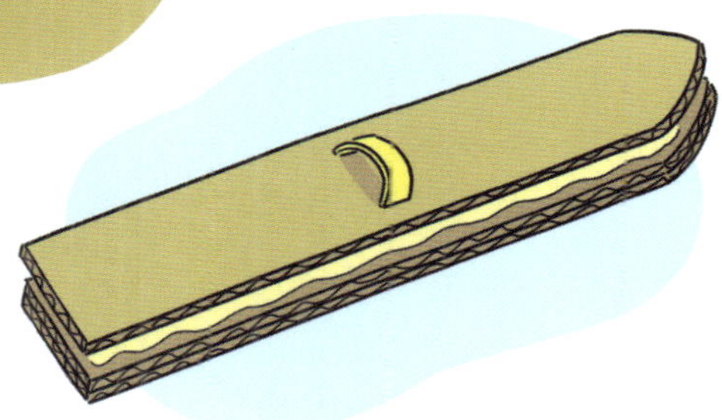

8 Reproduis l'étape précédente avec les trois morceaux de carton restants.

9 Laisse sécher les skis en carton que tu viens de fabriquer avant de les chausser pour la compétition.

Le matériel

- 8 feuilles A4 de couleur bleue
- 8 feuilles A4 de couleur rouge
- un compas
- du ruban adhésif

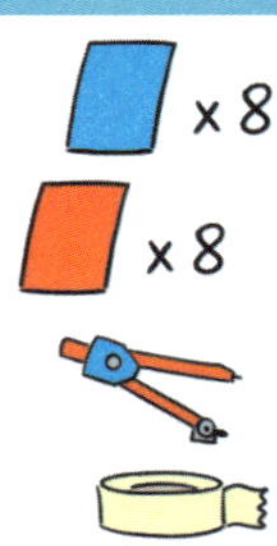

La piste de slalom

1 Pendant ce temps, prépare la piste de slalom.

Pour cela, il te faut plusieurs plots, que tu vas fabriquer avec des feuilles de papier : 8 plots bleus et 8 rouges.

2 Pour faire un plot de papier en forme de cône, commence par dessiner un disque avec un compas sur une feuille de couleur. Le rayon du disque déterminera la hauteur du cône : plus le disque sera grand, plus le cône sera haut.

À l'origine, le ski a été inventé pour faciliter les déplacements dans la neige. Des traces très anciennes ont pu être retrouvées en divers endroits de la planète. Certaines datent d'il y a plus de 5 000 ans.

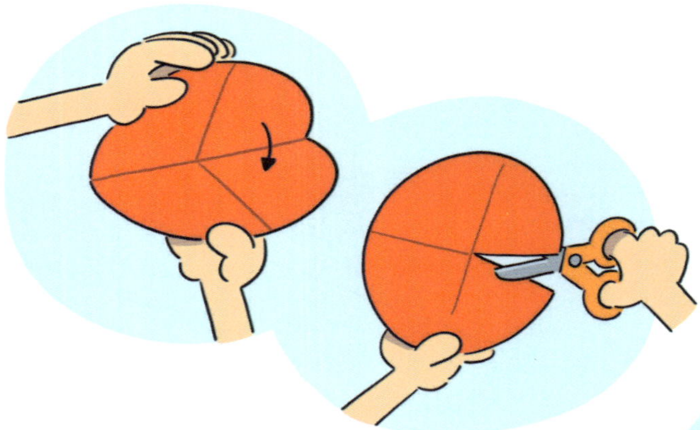

3 Découpe le disque, puis plie-le en quatre de manière à marquer 2 lignes au milieu. Découpe la moitié d'une des lignes.

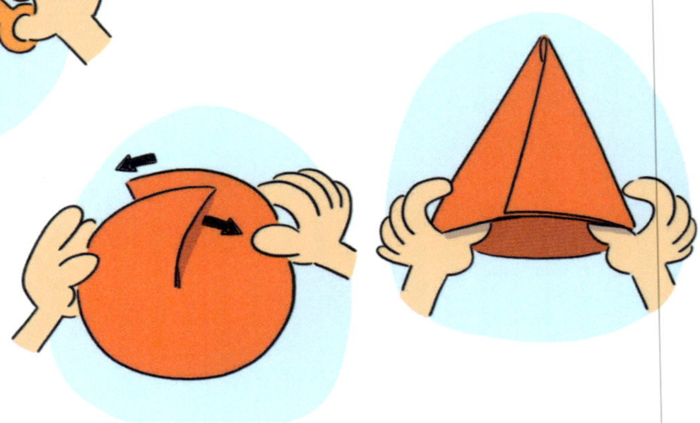

4 Pour faire le cône, fais passer les deux bords découpés l'un sur l'autre. Quand tu atteins la dimension que tu souhaites, attache-les ensemble avec du ruban adhésif.

5 Renouvelle ces étapes autant de fois que nécessaire pour obtenir 8 plots bleus et 8 plots rouges.

6 Dispose les plots ainsi obtenus sur un sol glissant ou sur de la pelouse pour former 2 pistes de slalom : une pour chaque équipe.

Chaque piste est formée de 8 plots, avec une alternance de plots rouges et bleus.

Les lignes de départ et d'arrivée sont marquées au sol.

En compétition, le parcours est matérialisé par des portes rouges ou bleues composées de 2 piquets reliés par une banderole. Le skieur doit franchir toutes les portes dans un ordre précis.

En fonction de la vitesse de descente, de la longueur de la piste, du nombre de portes et de la distance entre les portes, on distingue différentes épreuves de slalom, par exemple le super-g ou le slalom géant.

Top départ !

Pour chaque manche de slalom, 2 binômes de chaque équipe sont en compétition.

L'un des joueurs chausse les skis et saisit l'une des extrémités de la corde tandis que son binôme tient l'autre bout pour le tirer tout au long du parcours.

Au cours du slalom, si l'un des skieurs touche un plot ou ne slalome pas correctement, il doit reculer et repasser le plot en question.

Le matériel

- **2 cordes**

Le premier des deux binômes à franchir la ligne d'arrivée rapporte 1 point à son équipe. Puis on inverse les rôles dans le binôme. L'équipe qui totalise le plus de points remporte la victoire. En cas d'égalité, une manche supplémentaire est organisée pour départager les concurrents.

Ski alpin au chaud

En compétition, le ski alpin comprend plusieurs disciplines. La descente, c'est la discipline la plus rapide. Cette épreuve combine vitesse, technique et courage. Et si tu essayais d'organiser une grande compétition de ski ?

Matosmètre

Athlétomètre

Trainingmètre

Le matériel

- des feuilles blanches A4
- des crayons de couleur
- du carton épais
- de la colle
- une paire de ciseaux
- des cure-dents et des bâtonnets à glace
- une paille
- de la ficelle
- un panneau de médium de 80 × 60 cm
- de la peinture blanche
- des punaises

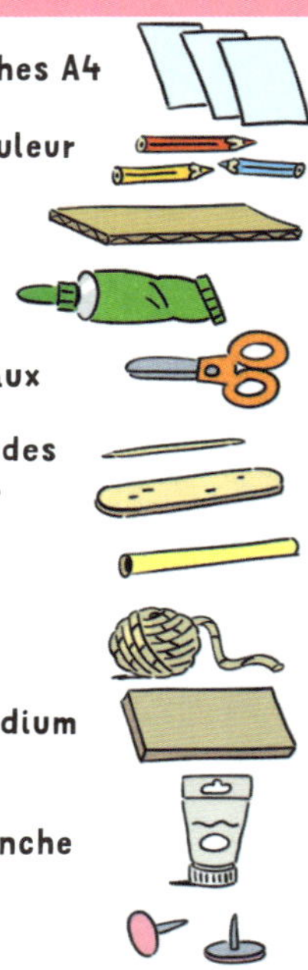

La piste

Prépare la piste de ski en peignant un panneau de médium avec de la peinture blanche.

Le skieur

1 Dessine puis colorie un personnage en tenue de ski sur une demi-feuille au format A4. Tu peux aussi directement imprimer un personnage si tu préfères.

2 Colle ton dessin sur du carton épais. Puis découpe les contours de ton skieur ou de ta skieuse.

3 Plie les pieds du personnage et colle-les sur des bâtonnets à glace. Ce sont ses skis.

4 Utilise ensuite des cure-dents pour lui faire ses bâtons de ski. Fixe-les sur ses mains avec de la colle et ajoute un petit rond de carton de 1 cm de diamètre à l'autre extrémité de chaque bâton.

Top départ !

1 Coupe un morceau de paille de 5 cm de long et colle-le sous le skieur, entre les deux skis.

2 Glisse un morceau de ficelle de 1 m de long dans le morceau de paille sous le skieur.

3 À l'aide de 2 punaises, fixe les extrémités de la ficelle en haut et en bas du panneau de médium peint. Tends légèrement la ficelle.

4 Chaque joueur aligne son skieur ou sa skieuse en haut du panneau.

5 Prêts ? 3, 2, 1… incline le panneau et c'est parti ! Les skieurs glissent jusqu'en bas de la piste de ski. Le joueur dont le skieur atteint en premier le bas de la pente remporte l'épreuve.

Finger snowboard

Comme tous les sports de glisse sur neige, le snowboard comprend plusieurs épreuves, dont le half-pipe qui permet aux sportifs de réaliser des sauts et des figures acrobatiques. Sauras-tu toi aussi enchaîner les sauts ? Échauffe-toi bien les doigts !

Matosmètre

Athlétomètre

Trainingmètre

Le matériel

- une boîte de gâteaux ou de céréales en carton
- une paire de ciseaux
- un crayon
- une règle
- de la colle
- 5 ou 6 pinces à linge
- un pistolet à colle et ses bâtons de colle
- un saladier en plastique de grande taille
- un chronomètre

La planche et les fixations

1 Découpe 6 rectangles de 10 cm de long et 2,5 cm de large dans le carton d'emballage, en arrondissant leurs petits côtés.

2 Colle-les ensemble en les superposant. Et, lorsqu'ils sont bien collés les uns aux autres, courbe les deux extrémités vers le haut, à environ 1 cm du bord. Ainsi, tu vas incurver légèrement la planche de snowboard.

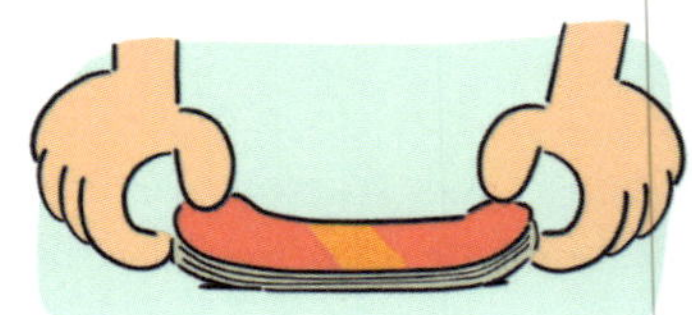

Utilise des pinces à linge pour maintenir l'ensemble en attendant que ça sèche. Puis décore ton snowboard.

3 Dans le reste du carton d'emballage, réalise 2 bandes de 8 cm de long et 2 cm de large pour fabriquer les emplacements de tes doigts sur la planche.

4 Enroules-en une autour de ton index et l'autre autour du majeur. Puis ferme les deux rouleaux ainsi formés en les collant. Attention, ils doivent bien conserver la taille de tes doigts pendant le séchage.

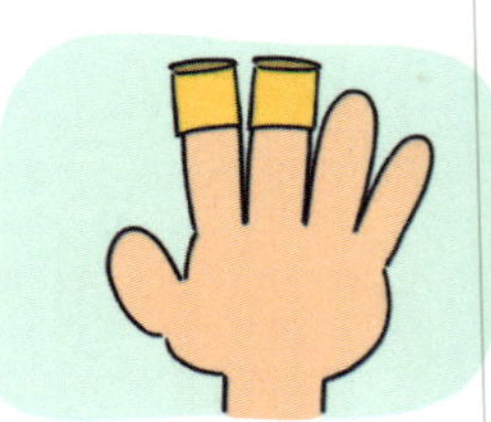

5 Positionne ensuite tes doigts sur le snowboard pour trouver leur meilleur emplacement. Puis remplace ton index et ton majeur par les deux petits rouleaux et colle ces derniers sur la planche.

Top départ !

Une fois sec, ton snowboard est prêt à être utilisé. Il te manque juste le half-pipe, la structure pour faire des sauts. Pour cette épreuve, tu peux utiliser un saladier en plastique de grande taille.

Pose le saladier au sol. Insère tes doigts dans leurs emplacements sur le snowboard et place ce dernier sur un rebord du saladier.

Bascule-le vers l'avant, puis glisse le long de la paroi du saladier avant de remonter sur la paroi en face.

Quand tu arrives en haut, réalise un saut (ou une figure si tu veux) avec ta planche, puis fais-lui faire un demi-tour avant de redescendre et d'enchaîner avec un nouveau saut.

Ta planche doit toujours se déplacer dans le même sens.

Un conseil : n'hésite pas à tourner toi aussi autour du saladier, ce sera plus facile pour gérer les demi-tours… et éviter une entorse du poignet.

Pour t'amuser avec ton snowboard, tu peux aussi fabriquer des obstacles, des bosses et des rampes en carton.

Tu as compris comment déplacer ton snowboard ? La compétition peut commencer.

Au lancement du chronomètre, tu disposes de 1 minute pour réaliser le plus de sauts possible en faisant glisser ton snowboard d'un côté à l'autre du saladier. Mais attention ! La planche doit toujours être au contact de celui-ci. Et n'oublie pas les demi-tours !

C'est le concurrent qui enchaîne le plus de sauts en 1 minute qui gagne l'épreuve et la médaille d'or.

HAUT LES MAINS !

Être costaud, ça peut aider dans certains sports, comme la boxe ou l'haltérophilie. Mais cela ne suffit pas toujours ! D'ailleurs, pour réussir les compétitions suivantes, tu devras aussi être rapide, déterminé, motivé et concentré. Prêt ?

Les activités

de Bob Seleigue

L'activité

d'Anne de Balleux

L'activité de Walter O'Phil

Les activités d'Inès Krimeu

La boxe sans gants

La boxe est un sport de combat où deux boxeurs s'affrontent avec leurs poings. Souvent, cela se passe sur un ring, et on utilise des gants de boxe pour frapper sur le torse et la tête de son adversaire. Mais ne t'inquiète pas ! Avec moi, tu ne prendras pas de coups...

A

Matosmètre · Athlétomètre · Trainingmètre

Le matériel

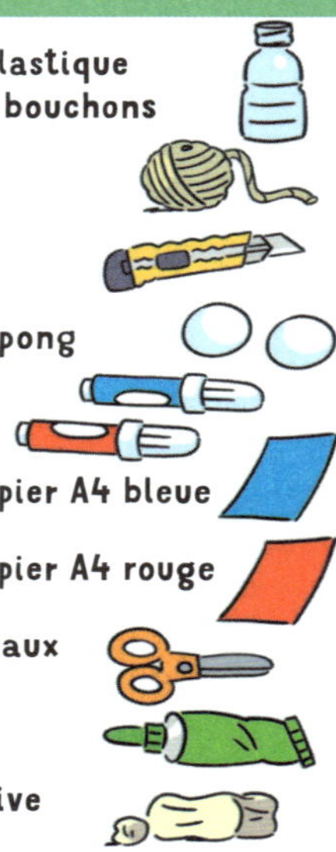

- 2 bouteilles en plastique de 50 cl sans les bouchons
- de la ficelle
- un cutter
- 2 balles de ping-pong
- des feutres
- une feuille de papier A4 bleue
- une feuille de papier A4 rouge
- une paire de ciseaux
- de la colle
- de la pâte adhésive

Le corps et la tête du boxeur

1 Demande l'aide d'un adulte et, avec le cutter, sur les deux côtés de chaque bouteille, fais une entaille horizontale de 5 mm, environ 2 cm au-dessous de l'épaule.

L'épaule de la bouteille, c'est la partie penchée, en dessous du goulot.

2 Réalise 2 nouvelles entailles, 2 cm au-dessous des premières. Tu dois avoir 4 fentes en tout sur chaque bouteille.

3 Découpe 4 morceaux de ficelle de 4 cm de long chacun. Fais plusieurs nœuds à chaque extrémité pour obtenir de petites boules. Puis insère les nœuds des bouts de ficelle dans chacune des entailles des bouteilles.

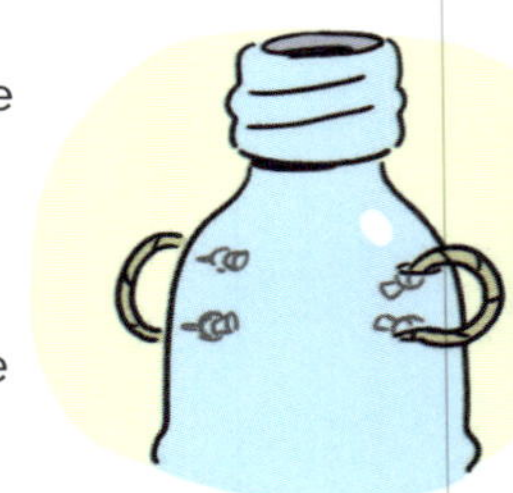

4 Dans la feuille de papier bleue, découpe, dans le sens de la largeur, une bande de 4 cm de large. Enroule-la et colle-la au bas de la bouteille pour faire un short à ton boxeur. Fais de même avec la feuille rouge pour le second boxeur.

5 Dessine un visage sur les deux balles de ping-pong, puis pose-les sur les goulots.

Le matériel

- 4 piques à brochettes en bois
- 2 boules cotillons bleues
- 2 boules cotillons rouges

Les bras du boxeur

Maintenant, tu peux faire les bras.

1 Enfonce le bout pointu des piques à brochettes dans les boules cotillons, bleues pour le boxeur au short bleu et rouges pour celui au short rouge. Ce seront les gants.

2 Place une pique de chaque côté de tes bouteilles, entre la ficelle et la bouteille.

3 Positionne les boxeurs sur une table à 10 cm l'un de l'autre. Utilise de la pâte adhésive pour fixer les bouteilles sur la table.

Top départ !

Chaque joueur prend place derrière son champion. Et le combat peut commencer !

Avec les mains, en bougeant les piques, il faut faire avancer et reculer les bras de son boxeur pour mettre des coups à son adversaire.

Le premier qui met K-O son adversaire en faisant tomber sa tête remporte le duel !

Lors des matchs de boxe, les coups prennent un nom particulier selon la manière dont ils sont portés :

- le direct est un coup droit ;
- le crochet est un coup où le bras frappe vers l'intérieur en se repliant ;
- l'uppercut est un coup porté de bas en haut.

Quand un boxeur est sonné ou s'il reste au sol pendant plus de 10 secondes, il est k-o ou knock-out. Cela vient de l'expression anglaise *to knock out* qui signifie « faire sortir en frappant ».

Mise sur le bon cheval !

Pour tes olympiades hippiques, pas de course de chars… mais de l'équitation ! Ne t'inquiète pas, en suivant mes conseils, tu n'auras pas besoin de monter sur tes grands chevaux. Tu dois simplement fabriquer un cheval sauteur en origami.

Matosmètre · **Athlétomètre** · **Trainingmètre**

Le matériel

- une feuille de papier carrée de 15 cm de côté, dont les faces ont des couleurs différentes.

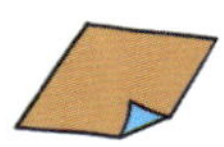

- une paire de ciseaux

- des crayons de couleur

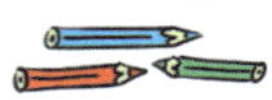

- des gommes

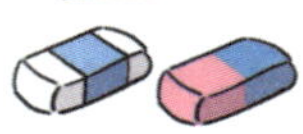

Préparation

1 Plie et déplie la feuille en suivant une diagonale du carré.

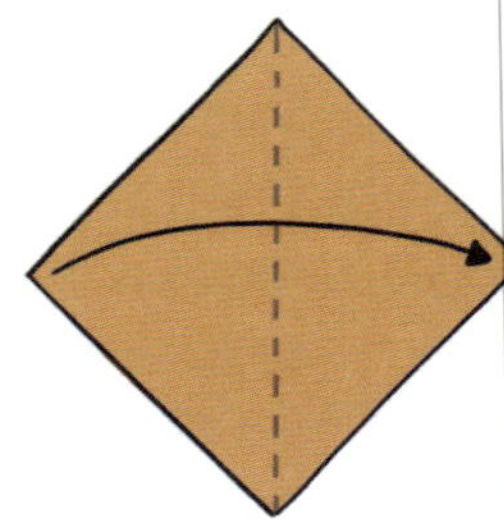

2 Plie ensuite le carré sur la seconde diagonale.

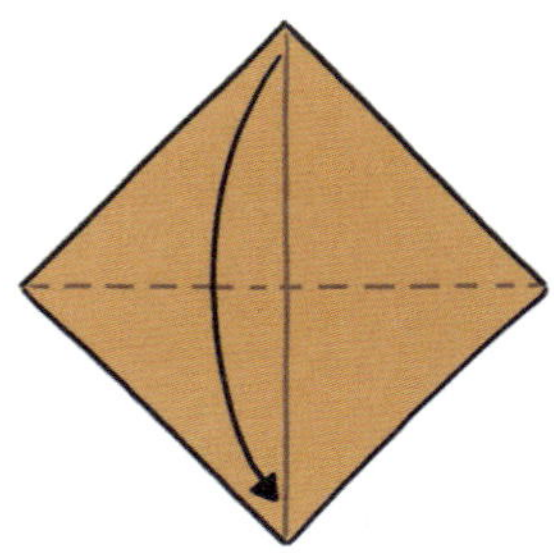

3 Marque 2 plis en rabattant les deux pointes vers le bas.

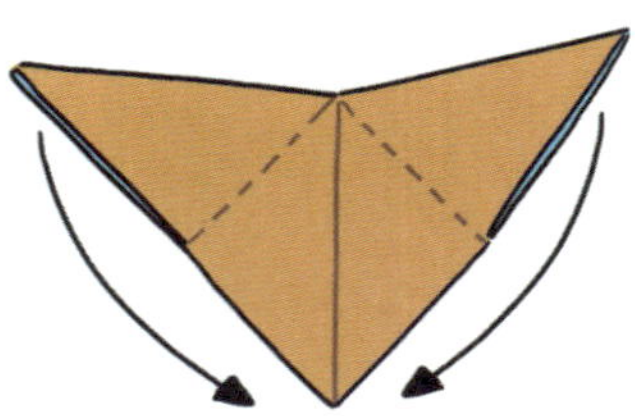

4 Pousse maintenant les coins à l'intérieur vers le bas et aplatis bien la forme obtenue.

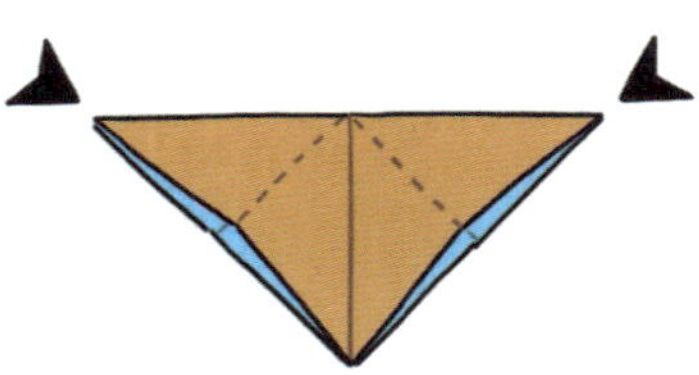

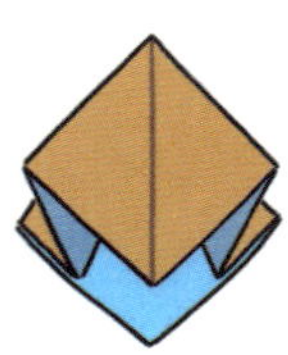

5 Plie et déplie les coins selon le modèle suivant pour marquer les plis sur toutes les épaisseurs.

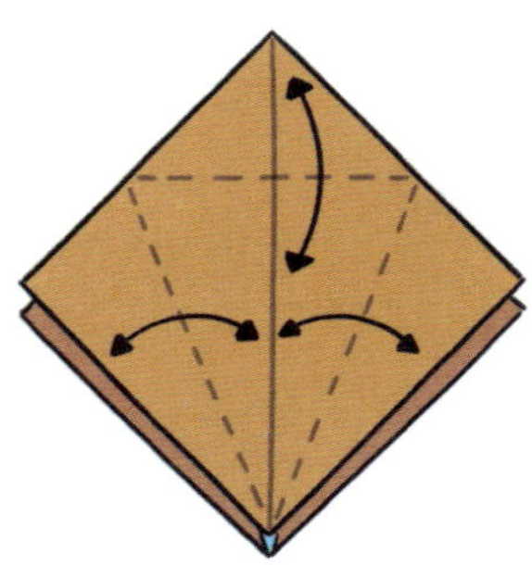

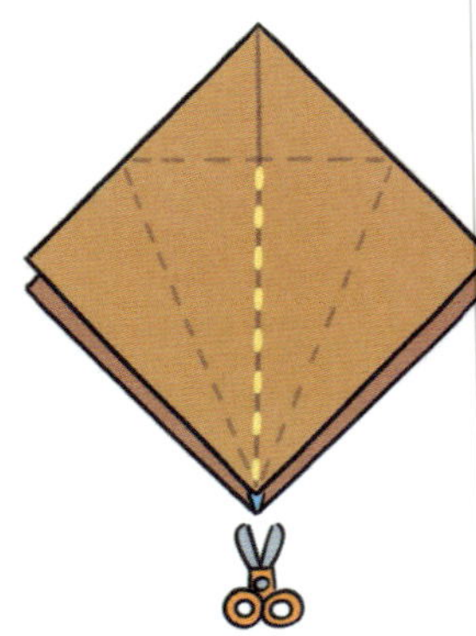

6 À l'aide des ciseaux, découpe en suivant le pointillé.

7 Déplie les pointes.

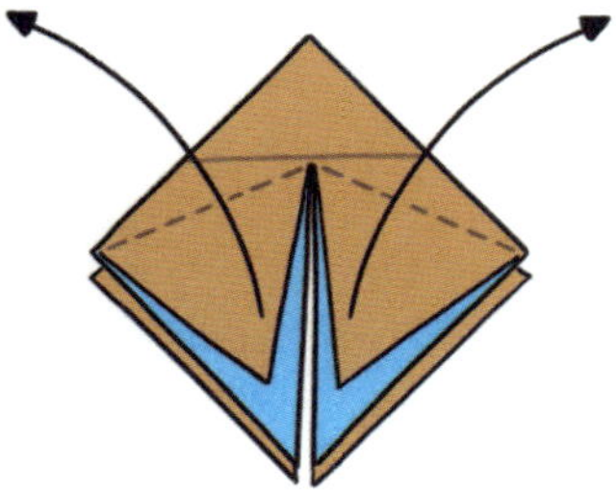

8 Plie le bout des pointes vers le bas.

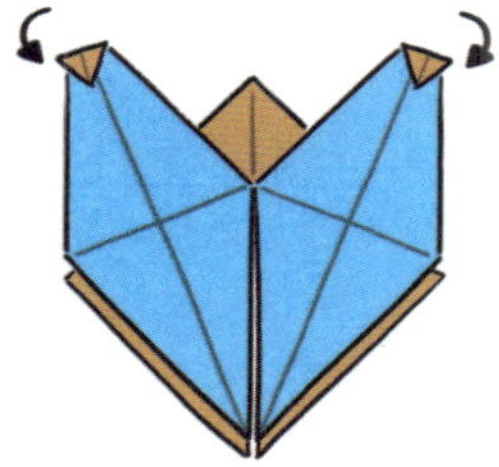

9 Puis ramène les côtés vers le centre.

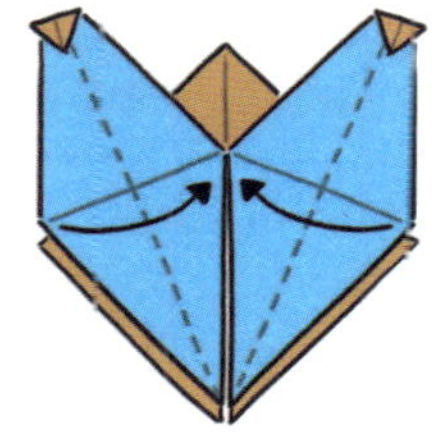

Les sports équestres comptent 3 disciplines : le saut d'obstacles, le dressage et le concours complet. L'équitation est le seul sport olympique où humains et animaux peuvent former une équipe, et l'un des rares totalement mixtes, où les hommes et les femmes concourent dans la même catégorie.

10 Retourne le pliage et répète les étapes 7 à 9 de l'autre côté.

11 Fais pivoter le pliage de 180°.

12 Forme alors la tête et la queue du cheval en faisant des plis inversés intérieurs.

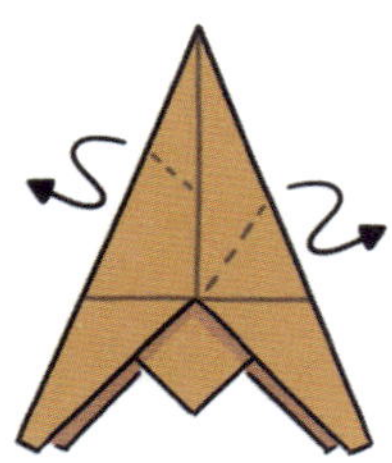

13 Termine ton pliage en faisant un pli inversé intérieur pour finir la tête du cheval.

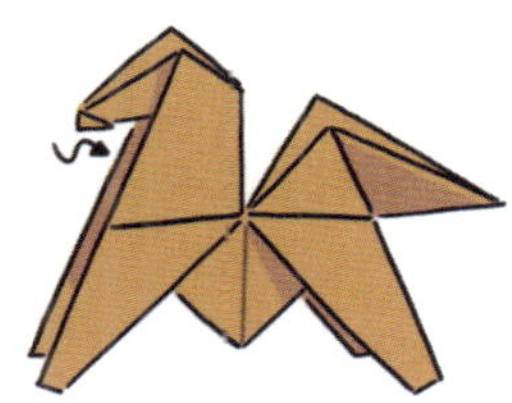

Top départ !

Entraîne-toi à faire sauter ton cheval : donne un coup sous sa queue avec ton doigt et fais-lui faire un tour complet pour qu'il retombe sur ses pattes. Écarte légèrement ses pattes pour lui donner plus de stabilité.

Lorsque ton cheval et toi êtes suffisamment entraînés, tu peux alors défier un adversaire. Pour cela, dispose des crayons sur une table pour former des obstacles à franchir : des crayons seuls, 2 crayons posés l'un contre l'autre, un crayon surélevé avec des gommes…

Le premier couple cavalier-cheval qui franchit tous les obstacles remporte l'épreuve !

L'escrime, tout un art !

Toucher son adversaire avec la pointe d'une arme sans se faire toucher avant, c'est tout l'art de l'escrime. Vitesse et précision, c'est ce dont tu auras besoin pour t'initier au maniement du fleuret.

Matosmètre – Athlétomètre – Trainingmètre

Le matériel

- 2 cordes de 5 m de long
- 2 cordes de 1 m de long
- 2 frites de piscine en mousse
- 2 chiffons-éponges
- 2 élastiques
- 2 pots de peinture à l'eau de couleurs différentes
- de vieux vêtements
- des spaghettis
- 4 pinges à linge
- un chronomètre

En escrime, il y a 3 armes et des surfaces à toucher différentes pour chacune : le fleuret, l'épée et le sabre.

- Avec le fleuret, on ne peut toucher que le tronc de l'adversaire avec la pointe.
- Avec l'épée, tout le corps de l'escrimeur peut être touché de la pointe : masque, tronc, gant, chaussures, jambes, bras…
- Le sabre permet de porter des coups avec le plat, la pointe, le dos ou le tranchant de la lame sur tout le haut du corps : masque, tronc, bras, gant.

Préparation du terrain

1 Commence par choisir un endroit à l'extérieur que tu peux salir avec de la peinture sans que ça pose de problème. Tu peux aussi recouvrir le sol de vieux draps.

2 Délimite au sol la zone d'escrime avec les cordes. Tu dois former un couloir de 5 m de long sur 1 m de large.

3 À chaque extrémité du couloir, place un pot rempli de peinture à l'eau de couleur différente.

Préparation du fleuret

Pour te faire un beau fleuret, tu vas utiliser une frite de piscine : avec un élastique, attache un chiffon-éponge à l'une des extrémités de la frite.

Ce sera la pointe de ton fleuret.

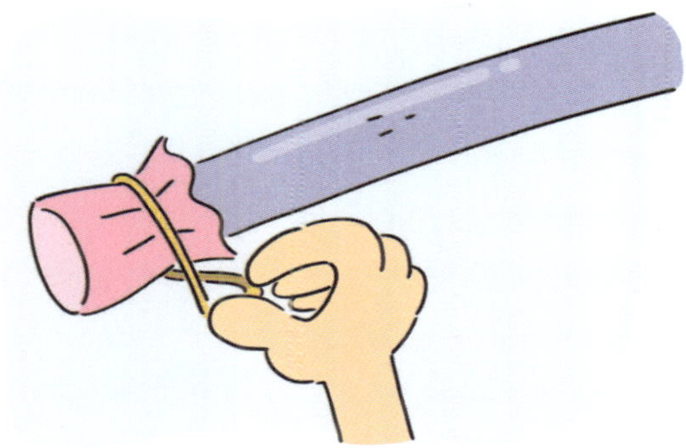

Préparation des escrimeurs

Pour débuter la compétition, il faut être 3 participants : 2 escrimeurs et un arbitre.

Chaque escrimeur doit porter de vieux vêtements pouvant être salis : un vieux tee-shirt, par exemple, ou une blouse…

Top départ

Les escrimeurs prennent position dans le couloir, un à chaque extrémité, et se font face. L'arbitre se place à l'extérieur du terrain, entre les deux combattants.

Chaque joueur a un fleuret en mousse et trempe le chiffon-éponge dans le pot de peinture à l'eau.

Une manche dure 2 minutes.
La compétition se joue en 3 manches.

Au top départ, chaque joueur essaye de toucher l'adversaire sur le torse, en faisant une tache de peinture à l'eau.

Quand un joueur touche son adversaire, il marque un point et le jeu s'arrête. Chacun se replace et, au top départ de l'arbitre, la manche reprend.

Un escrimeur n'a pas le droit de mettre un pied en dehors de la zone de combat, sinon son adversaire marque un point. Alors, le jeu s'arrête, chacun reprend sa place et, au top départ de l'arbitre, la manche reprend.

La position de garde est la position idéale pour attaquer ou pour se défendre. Tu dois toujours rester de profil. Si tu es droitier, tiens ton arme de la main droite et mets ton pied droit en avant. Inversement pour les gauchers.

Il faut tenir son fleuret fermement mais sans se crisper. L'arme doit être dans le prolongement du bras. C'est ainsi qu'on peut diriger la pointe du fleuret avec précision et toucher son adversaire.

À la fin de la manche, le joueur qui a marqué le plus de points la gagne et une nouvelle manche commence. Si les deux escrimeurs ont le même nombre de points, la manche est nulle. Et ainsi de suite, jusqu'à ce que chaque copain ait combattu 2 manches.

L'escrimeur qui a gagné le plus de manches remporte la compétition et repart avec une médaille d'or.

Variantes

L'escrime spaghetti

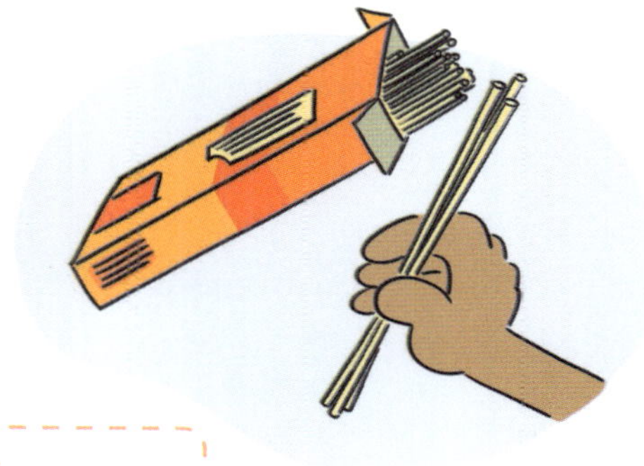

Tu peux remplacer les frites de piscine par des spaghettis crus.

Pour que ton fleuret soit plus solide, utilise 3 spaghettis en même temps.

Le but consiste alors à casser ton fleuret en spaghettis sur la poitrine de ton adversaire…

Précision et adresse sont nécessaires à ce combat tout en finesse !

Interdiction de viser le visage !

L'escrime pince à linge

Les deux escrimeurs sont sur le terrain, ils se font face. Chaque joueur a une pince à linge sur un avant-bras et une autre sur la cuisse opposée.

Au top départ de l'arbitre, chaque joueur essaye de prendre une pince à linge à son adversaire. Quand un joueur récupère une pince à linge sur l'adversaire, le jeu s'arrête.

Le joueur repositionne sa pince à linge, chacun se replace et, au signal de l'arbitre, le jeu reprend.

Au bout de 2 minutes, le joueur qui a marqué le plus de points gagne la manche.

Attention, les joueurs ne peuvent pas s'attraper. Si un joueur attrape l'adversaire, il prend un avertissement. Au bout de 2 avertissements, l'adversaire marque un point de pénalité.

À bout de bras !

L'haltérophilie est un sport dans lequel les athlètes soulèvent des haltères chargés de poids. Pour ce type d'épreuve, il faut certaines qualités : de la force, de la technique et beaucoup de mental. Tu vas en avoir besoin. Mais sans les haltères...

Matosmètre

Athlétomètre

Trainingmètre

Le matériel

- 2 pots de fleurs
- du gravier
- 2 tuteurs en bambou
- de la ficelle
- 2 seaux
- de l'eau

1 Dispose 2 pots de fleurs sur un sol bien plat. Espace-les d'environ 1 m.

2 Remplis-les avec du gravier.

Cela fait bien longtemps que les hommes s'amusent à tester leur force physique. Dans beaucoup de régions, des épreuves de force existent encore aujourd'hui (soulever des pierres, des troncs)…

3 Enfonce verticalement un tuteur en bambou dans chaque pot de fleurs. Veille à ce que chaque tuteur soit bien droit.

4 Tends un morceau de ficelle entre les deux bambous.

L'haltérophilie a des origines très anciennes mais elle s'est beaucoup développée au XIXe siècle. On peut observer deux mouvements en compétition : l'arraché et l'épaulé-jeté.

5 Ajuste la hauteur de la ficelle en la faisant coulisser sur les bambous. Pour cela, lorsque les concurrents tendent leur bras au-dessus de la ficelle, tu dois t'assurer que celle-ci se situe à peu près 5 cm au-dessous.

6 Remplis les seaux avec la même quantité d'eau.

7 Au top de l'arbitre, les joueurs opposés doivent saisir un seau et le tenir bras tendu au-dessus du fil. Le premier qui touche le fil perd le duel.

Variante

Tu peux adapter la difficulté du jeu :

- en choisissant des seaux plus grands ;
- en remplissant les seaux avec une plus ou moins grande quantité d'eau ;
- en tenant le seau à 1 ou 2 mains ;
- en tenant le seau avec 2 doigts seulement.

Pour savoir combien pèse ton seau rempli d'eau, tu peux, bien sûr, le peser sur une balance. Mais tu peux aussi le calculer, si tu connais la masse du seau vide et la quantité d'eau ajoutée, en sachant que 1 L d'eau a une masse de 1 kg.

Concours de tir à l'arc

A

À l'origine, l'arc était un instrument dédié à la guerre et à la chasse. Mais aujourd'hui, le tir à l'arc est devenu un sport à part entière. Tu rêves de défier les plus grands archers ? Alors, entraîne-toi avec ton mini-arc.

Matosmètre

Athlétomètre

Trainingmètre

Le matériel

- un bâtonnet à glace
- du fil dentaire
- un bol
- de l'eau
- des feutres
- une pince coupante
- plusieurs verres de peinture à l'eau (une couleur par participant)

L'arc

1 Demande à un adulte de t'aider à faire 2 petites encoches à chaque extrémité du bâtonnet à glace à l'aide d'une pince coupante.

2 Plonge le bâtonnet dans un bol rempli d'eau. Laisse-le tremper pendant au moins 1 heure afin qu'il s'assouplisse et que tu puisses le courber plus facilement sans le casser.

3 Donne-lui ensuite la forme d'un arc en appuyant légèrement dessus avec tes doigts.

4 Quand il est bien sec, tu peux le décorer avec des feutres.

5 Enroule plusieurs fois un long bout de fil dentaire autour d'une extrémité du bâtonnet en utilisant les encoches. Fais un double nœud pour que ça tienne bien.

6 Courbe doucement le bâton et enroule le fil dentaire plusieurs fois autour de l'autre côté. Noue-le 2 fois. Coupe le fil restant qui pend. Veille bien à recréer la courbe d'un arc et serre bien fort les nœuds.

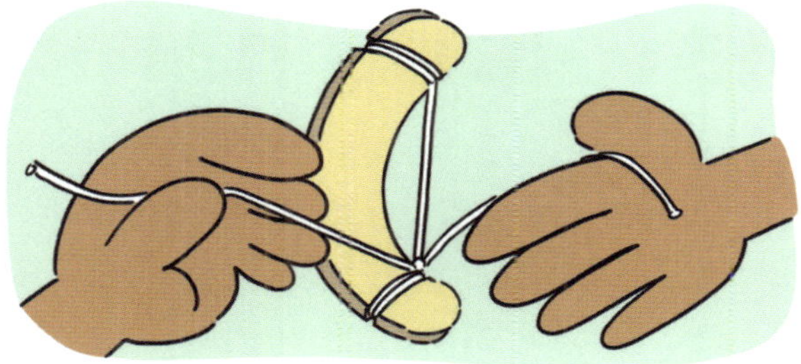

Le matériel

- des Cotons-Tiges
- une paire de ciseaux
- une feuille
- un compas
- un feutre
- de la pâte adhésive

Les flèches et la cible

1 Utilise des Cotons-Tiges en guise de flèches. Pour cela, coupe l'une des extrémités avec des ciseaux. La boule de coton restante correspond à la pointe de la flèche.

2 Avec un compas, trace 3 cercles concentriques sur une feuille pour dessiner une cible.

Top départ

Pour le concours de tir à l'arc, dispose la cible verticalement. Fixe-la sur un support avec de la pâte adhésive.

Chaque archer utilise 3 flèches.

Avant de tirer sur la cible, l'archer doit tremper la pointe de sa flèche dans un verre rempli de peinture à l'eau.

À chacun sa couleur, et c'est celui qui marque le plus près du centre de la cible qui gagne !

Munis d'un repose-flèche, d'un viseur, de stabilisateurs et même de poulies, les arcs modernes ne sont plus en bois mais en fibre de verre, en carbone ou en aluminium. La vitesse des flèches peut dépasser 300 km/h.

Biathlon chamboulé

Au biathlon, les sportifs doivent faire une course de ski de fond puis tirer à la carabine sur une cible. Pas besoin d'arme pour ton épreuve. Ni de neige. Mais il faudra faire preuve d'agilité et de concentration.

Matosmètre: 2/5
Athlétomètre: 3/5
Trainingmètre: 2/5

Le matériel

- des piquets en bois
- une table
- un cerceau
- des boîtes de conserve
- de la peinture (une couleur par participant)
- des balles de tennis
- des livres, tous de la même taille

Préparation

Commence par organiser le terrain de jeu.

1 Définis une boucle pour ta piste de biathlon. Cela peut être le tour de la maison, du jardin… Tu peux aussi planter des piquets en bois pour délimiter le parcours. Choisis l'emplacement de la ligne de départ et d'arrivée.

2 Installe une table à proximité de la ligne d'arrivée pour représenter le stand de tir. Là, tu vas mettre en place un jeu de chamboule-tout avec des boîtes de conserve vides.

Pour cela, aligne sur la table 3 boîtes de conserve par participant. Auparavant, tu les auras peintes d'une couleur différente pour chaque concurrent. Et place sous la table 3 balles de tennis par biathlète.

3 Dispose enfin un cerceau à environ 2 m du stand de tir.

Top départ !

Pour remporter la médaille d'or, il faut bien évidemment franchir la ligne d'arrivée en premier. Que le meilleur gagne !

1 Chaque biathlète doit faire 2 tours de piste avec un livre en équilibre sur la tête. Si le livre tombe, il faut retourner sur la ligne de départ et recommencer le tour en cours.

2 À la fin du premier tour, dépose le livre sur la table et, avec les trois balles de tennis, essaye de renverser les boîtes de conserve de ta couleur. Si c'est réussi, tu replaces le livre en équilibre sur ta tête et tu enchaînes le second tour pour franchir la ligne d'arrivée.

3 Si le tir est manqué, tu es pénalisé. Tu dois effectuer un petit tour autour du cerceau par boîte de conserve non renversée, avant de reprendre ta course.

À FOND LES BALLONS !

Basketball, handball, golf, tennis, ping-pong ou encore football… Tu crois connaître. Et pourtant, non. Pas tout à fait. Ici, tu vas découvrir ces sports sous un nouvel angle. Et il te faudra des balles de toutes les tailles…

Les activités d'Inès Krimeu

Les activités d'Anne de Balleux

L'activité

de Bob Seleigue

Les activités

de Walter O'Phil

Le basket-catapulte

Pour cette nouvelle compétition, tu vas devoir fabriquer un mini-panier de basket. Dans cette épreuve, tout est au format mini : mini-panier, mini-terrain, mini-ballon... Même l'équipe est mini !

Matosmètre

Athlétomètre

Trainingmètre

Le matériel

- une boîte à chaussures
- une paire de ciseaux
- de la colle
- de la peinture blanche
- un crayon rouge

Le terrain

1 Découpe l'un des petits côtés de la boîte à chaussures sur ses deux hauteurs et rabats-le vers l'extérieur.

2 Trace une diagonale sur chaque grand côté, du haut vers le bas, vers le petit côté rabattu. Puis découpe en suivant ces diagonales.

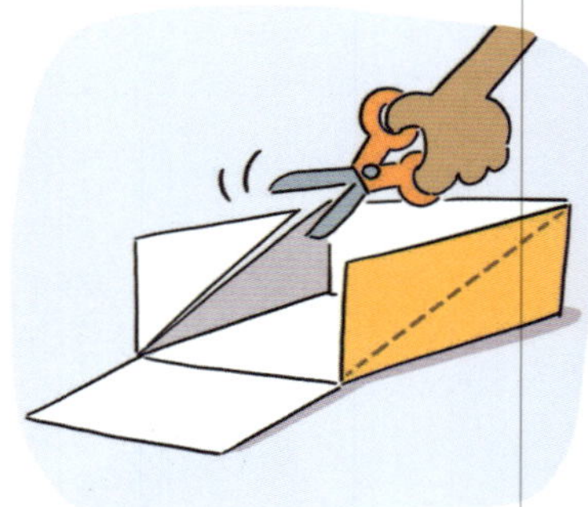

3 Utilise le couvercle, à la verticale, pour y coller le petit côté non découpé de la boîte.

4 Peins l'intérieur de la boîte et du couvercle en blanc. Puis, une fois la peinture sèche, avec un crayon rouge, trace les lignes du terrain sur le sol de la boîte.

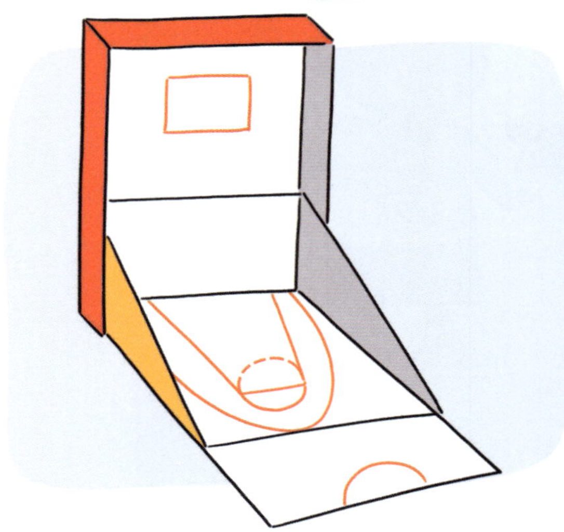

La raquette est la zone du terrain située sous chaque panier. Sa taille et sa forme varient selon les championnats et les tournois. Les joueurs n'ont pas le droit de rester plus de trois secondes à l'intérieur de cette zone. Pour un lancer franc, le tireur se place derrière la ligne des lancers francs (la tête de la raquette).

5 Trace aussi un rectangle rouge sur le couvercle, à environ 5 cm du haut. Cela formera le panneau de basket sur lequel tu fixeras le panier.

Le matériel

- un filet d'oranges
- un gobelet en carton
- une agrafeuse
- du carton
- une pince à linge
- un bâtonnet à glace
- un bouchon de bouteille en plastique
- une balle de ping-pong orange
- un marqueur noir

Le panier, la catapulte et le ballon

1 Coupe le gobelet en carton à environ 2 cm du haut. C'est le cercle de ton panier de basket.

2 Dans le filet d'oranges, taille une bande de 24 cm de long et 8 cm de large.

3 Agrafe cette bande à l'intérieur du gobelet pour former le filet du panier. Attention, le côté plat de l'agrafe doit venir par-dessus le filet pour bien fixer ce dernier.

4 Colle ensuite ton panier juste sous le panneau que tu as tracé auparavant.

5 Pour lancer ton mini-ballon de basket, réalise une catapulte en collant le bâtonnet à glace sur la pince à linge, puis le bouchon sur le bord du bâtonnet à glace.

6 Colle ensuite la catapulte sur un carré de carton que tu pourras éloigner ou rapprocher du panier selon ton habileté.

7 Avec le marqueur noir, transforme ta balle de ping-pong en mini-ballon de basket.

Top départ !

Tu peux maintenant t'entraîner à marquer le plus de points en 10 lancers ou en un temps donné, par exemple en 2 minutes. Tu peux jouer tout seul ou avec des adversaires… chacun son tour !

Putting green

Beaucoup de précision. C'est tout ce dont tu vas avoir besoin pour faire du golf. Enfin, presque… car il va falloir aussi un club (une sorte de canne), des balles et des cibles. Mais inutile de creuser des trous partout dans la pelouse !

Matosmètre · **Athlétomètre** · **Trainingmètre**

Le matériel

- **un bout de moquette verte de 1 m de large ou un morceau de gazon synthétique** 
- **un grand carton de 1 m de long** 
- **une paire de ciseaux** 
- **des feutres de différentes couleurs** 
- **des balles de golf** 
- **un petit balai de 80 cm environ** 

Le green, c'est tout simplement le nom de la zone d'herbe située autour du trou.

Préparation

1 Prépare ton green en déroulant un bout de moquette ou un morceau de gazon synthétique sur un sol bien plat. Et surtout loin de toute vitre ou autre élément que tu risquerais d'abîmer.

2 Découpe les quatre rabats supérieurs de ton carton d'emballage. Puis retourne-le pour élaborer les différentes cibles.

3 À la place du club de golf, tu vas te servir d'un petit balai. Mais avant de l'utiliser, coupe-lui tous les poils.

4 Une fois prêt, place ton carton contre l'un des bouts du green. Et pose ta balle sur le green, à l'opposé.

Pour réaliser les différentes cibles

a Tu vas devoir faire 5 ouvertures de forme rectangulaire, à la base du carton, sur un grand côté.

Ces ouvertures doivent toutes mesurer 10 cm de hauteur, mais leur largeur sera différente.

Prévois un espace de 10 cm entre elles.

b Commence par tracer les mesures des cinq trous : à partir de 5 cm du bord gauche, prépare un rectangle de 10 × 12 cm, puis un deuxième de 10 × 7 cm ; le troisième doit faire 10 × 5 cm, le quatrième 10 × 15 cm et le cinquième 10 × 10 cm. Puis découpe les cinq trous avec les ciseaux.

c Avec des feutres de différentes couleurs, dessine un cercle au-dessus de chaque trou et indique dedans le nombre de points remportés si la balle entre dans le trou. Bien sûr, c'est le trou le plus petit qui rapporte le plus de points.

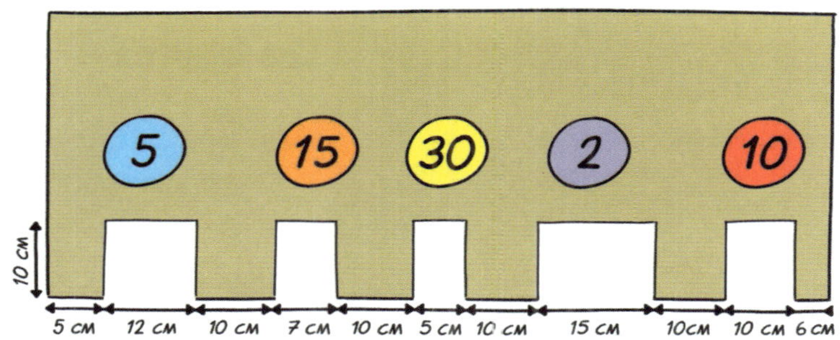

Un golfeur peut posséder plusieurs clubs (bois, fer, putter) pour frapper la balle. Il a aussi un tee, un petit objet en bois ou en plastique planté dans le sol et destiné à surélever la balle au départ.

Top départ !

Pour réussir à faire entrer la balle dans les trous, tu vas devoir t'entraîner à doser ton geste et donner le bon effet à la balle sur le green. Il faut que tu tiennes ton club bien droit derrière ta balle avant de la frapper.

Au golf, le putt est le nom donné au coup lorsqu'on joue sur le green.

Chaque golfeur a droit à 10 essais ; celui qui comptabilise le plus de points remporte une médaille.

La boccia pour tous

La boccia, qu'est-ce que c'est ? Ce sport de stratégie et de précision ressemble à la pétanque avec des adaptations prévues pour les personnes en situation de handicap, en fauteuil roulant. Résultat : tout le monde peut y jouer !

Matosmètre

Athlétomètre

Trainingmètre

Le matériel

- des ballons de baudruche, dont 6 bleus, 6 rouges et 1 blanc 
- de la semoule (ou du sable) 
- une bouteille vide de 33 cl 
- une paire de ciseaux 
- du carton 
- un crayon 
- une règle 
- une chaise 

Les boules

1 Verse de la semoule ou du sable dans la bouteille vide pour la remplir à environ un tiers de sa hauteur.

2 Gonfle un ballon de baudruche et pince son embout pour qu'il ne se dégonfle pas.

3 Puis enfile l'embout du ballon sur le goulot de la bouteille remplie de semoule ou de sable.

4 Lâche le ballon et retourne la bouteille pour verser toute la semoule ou tout le sable à l'intérieur du ballon.

5 Décroche le ballon et laisse l'air s'échapper tout doucement.

6 Comprime bien les grains de semoule ou de sable à l'intérieur du ballon, puis découpe l'embout.

7 Découpe l'embout d'un deuxième ballon (vide). Écarte délicatement les bords du ballon et recouvre le premier en commençant par l'ouverture.

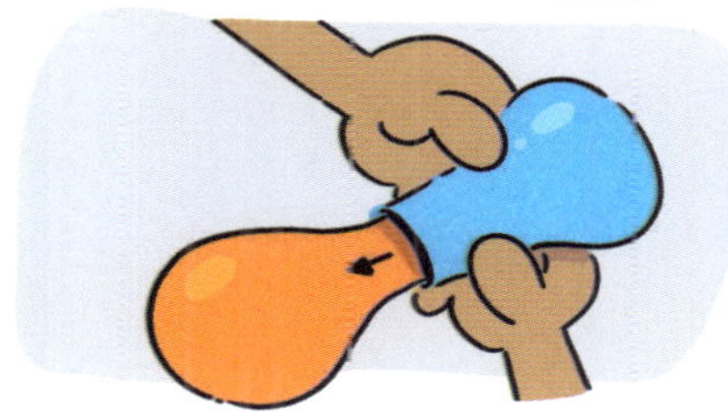

8 Prends un troisième ballon et recouvre à présent l'ouverture du deuxième en procédant comme précédemment. Attention à ne pas déchirer les ballons et à bien modeler la boule obtenue.

Avant de commencer la fabrication, trie les ballons pour garder ceux qui formeront la couche extérieure des boules : 6 bleus, 6 rouges et 1 blanc.

9 Répète toutes ces étapes pour chaque boule.

Pour un jeu complet, il faut 6 boules d'une couleur, 6 d'une autre et 1 d'une troisième couleur.

La rampe

1 Découpe dans du carton un rectangle de 1,30 m de longueur et de 60 cm de largeur.

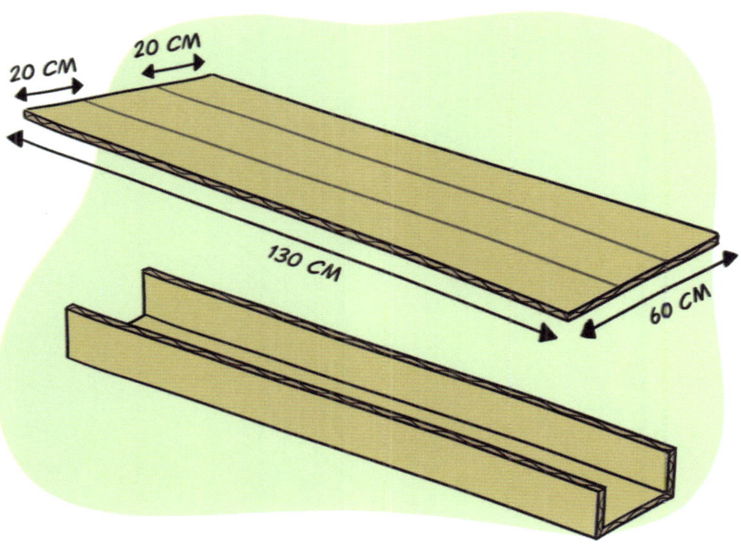

2 Trace un trait dans la longueur à 20 cm de chaque bord. Puis replie les bandes de 20 cm en formant un angle droit.

Top départ !

La boccia se pratique à 2 joueurs ou 2 équipes de plusieurs joueurs (2 ou 3).

Le but est de placer ses boules le plus près possible de la cible, nommée « jack ».

La boccia est un sport d'origine gréco-romaine. La discipline a pris son essor en France dans les années 2000.

1 Pour démarrer, assieds-toi sur une chaise et pose la rampe sur tes genoux jusqu'au sol.

C'est elle qui va te servir à faire glisser les boules.

Il s'agit alors de jouer sur son inclinaison et sa direction pour faire prendre plus ou moins de vitesse à la boule et diriger sa trajectoire.

La boccia se joue en intérieur, sur une surface lisse, souvent dans un gymnase. En compétition, un terrain réglementaire mesure précisément 12,5 m sur 6 m.

Dans ce handisport, les joueurs ne jouent pas toujours avec une rampe. Tout dépend de leur handicap.

2 Le joueur qui a les boules rouges commence.

Il lance le jack ; c'est la boule blanche, l'équivalent du cochonnet à la pétanque.

Puis il joue une boule rouge.

Les boules utilisées durant les compétitions sont 100 % en cuir.

3 Le joueur qui a les boules bleues joue à son tour.

Il doit tenter de reprendre le point, c'est-à-dire faire en sorte que sa boule soit la plus proche du jack.

Tant qu'il n'a pas repris le point, il continue à jouer. Toutes ses boules s'il le faut.

4 Le joueur aux boules rouges ne recommence à jouer que lorsque son adversaire a repris le point… ou si ce dernier n'a plus de boules à jouer.

5 La partie est terminée quand toutes les boules sont lancées.

Le joueur qui gagne est celui qui se situe le plus proche du jack.

La compétition peut se dérouler en plusieurs manches.

> Le premier championnat du monde a eu lieu en 1986, en Belgique.

Ping-pong solo !

Il faut être au moins 2 pour jouer au ping-pong, c'est ce que tu penses ? Eh non, pas forcément ! Voici une drôle de table de ping-pong pour jouer... seul ou à plusieurs, mais toujours un par un !

Matosmètre

Athlétomètre

Trainingmètre

Le matériel

- une planche en bois (déjà poncée) de 40 cm de long, 20 cm de large et 2 cm d'épaisseur
- un tasseau en bois de 20 cm de long, 5 cm de large et 2 cm d'épaisseur
- un tourillon en bois de 2,5 cm de diamètre et 15 cm de long
- de la peinture verte et blanche
- de la colle à bois
- un tournevis et une vis à bois
- une balle de ping-pong

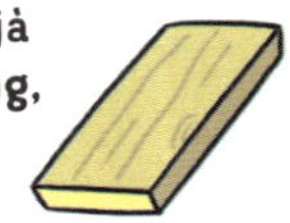

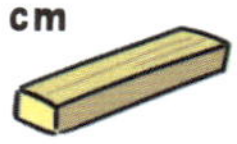

Préparation

1 Peins en vert une des faces de la planche. Ce sera le dessus de la table de ping-pong.

L'expression « tennis de table » est utilisée pour désigner la pratique sportive et la compétition. Quand on joue pour le loisir, on parle plutôt de « ping-pong ».

2 Lorsque c'est sec, peins les lignes de la table : avec de la peinture blanche, trace un trait de 1 cm d'épaisseur sur les bords et au milieu dans le sens de la longueur. Tu peux aussi peindre en blanc le tasseau, ce sera le filet.

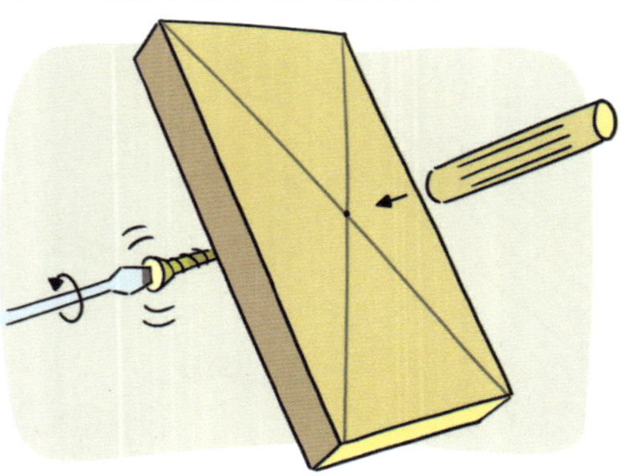

3 Pour tenir ta mini-table, il te faut une poignée que tu vas installer sous le plateau, comme un pied. Pour cela, demande à un adulte de t'aider à visser le tourillon au centre de la table. Il faut enfoncer la vis par le dessus de la table et faire bien attention à ce que la tête de la vis ne dépasse pas.

Pour trouver le centre de la table, c'est simple : il te suffit de tracer les deux diagonales dans le rectangle.

Le sais-tu ? « Pongiste » est le nom donné à une personne qui pratique le ping-pong.

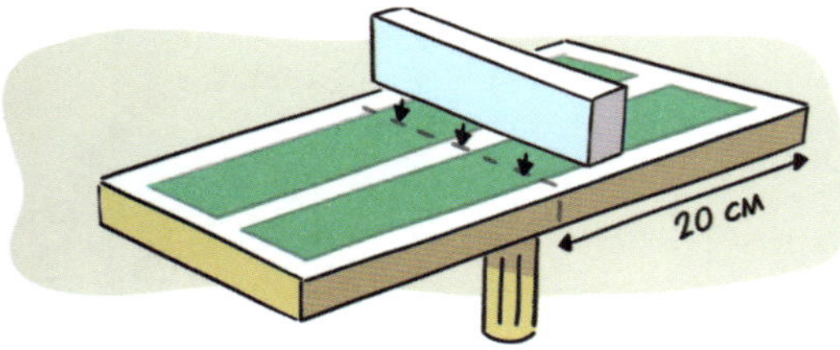

4 Trace une ligne verticale à 20 cm du bord pour séparer la planche en 2 parties. Enduis de colle à bois l'un des côtés fins du tasseau et colle-le sur cette ligne. Serre très fort. Et laisse sécher. Ton filet est prêt.

Top départ !

Prends la table par la poignée et entraîne-toi à la remuer. Tu vas devoir t'exercer à faire rebondir la balle d'un côté à l'autre du filet. Activité sportive garantie !
Le but du jeu ? Enchaîner le plus grand nombre de rebonds d'affilée sans faire tomber la balle.

Si tu joues tout seul, fixe-toi des objectifs et un temps de jeu. Si tu organises une compétition à plusieurs, ce sera chacun son tour.

Les coups droits, les revers et même les smashs sont autorisés ! Mais celui qui gagne est celui qui fait le plus de rebonds.

Le terme « ping-pong » est apparu en raison du bruit que produit la balle lorsqu'elle rebondit sur la raquette, « ping », puis sur la table, « pong ».

Mini-handball

Pour organiser un match de mini-handball, tu peux choisir n'importe quel espace, sur herbe, sur sable ou sur béton… Tu auras besoin d'une aire de jeu, de plusieurs copains et de quelques équipements. On te montre comment faire.

Matosmètre — Athlétomètre — Trainingmètre

Le matériel

Pour un but de handball :

- 2 tubes en PVC de diamètre 32 mm et de 115 cm de long
- 4 tubes en PVC de diamètre 32 mm et de 100 cm de long
- 6 tubes en PVC de diamètre 32 mm et de 50 cm de long
- 6 raccords en PVC de diamètre 32 mm en forme de L
- 4 raccords en PVC de diamètre 32 mm en forme de T

Les buts de handball

1 Commence par emboîter 2 tubes en PVC de 50 cm autour d'un tube de 100 cm grâce aux raccords en T, pour faire la barre transversale de ton but.

2 Enfonce ensuite un raccord en L à chaque extrémité.

3 Complète le montage en fixant un tube de 100 cm dans les raccords en L de chaque extrémité. Tu obtiens ainsi les petits côtés du but.

4 Sur chaque tube de 100 cm, enfonce un nouveau raccord en L en l'orientant vers le haut.

5 Glisse verticalement un tube de 50 cm dans chaque raccord.

6 Sur chaque extrémité, fixe un nouveau raccord en L. Cette fois, ils sont tournés l'un vers l'autre.

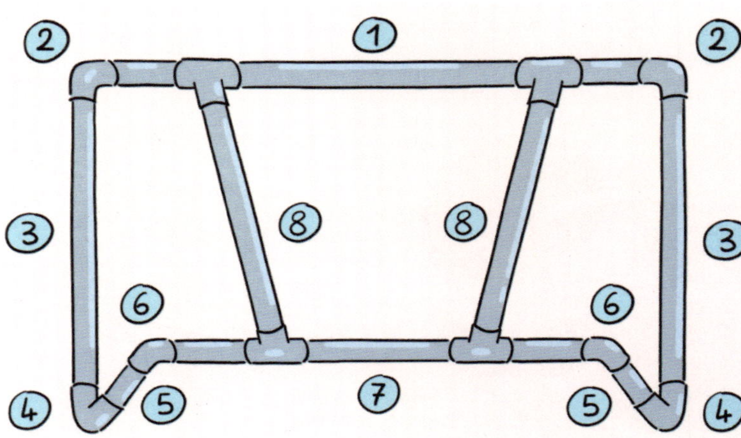

7 De nouveau, emboîte 2 tubes en PVC de 50 cm autour d'un tube de 100 cm grâce aux raccords en T. Et place l'ensemble entre les deux raccords en L qui se font face.

8 Pour stabiliser le but, fixe les deux tubes de 115 cm entre les connexions en forme de T. Fais pivoter les raccords pour faciliter l'emboîtement.

Contrairement à football et basketball qui sont des mots anglais, handball est un mot allemand qui signifie « balle à la main ».

9 Bascule le but, c'est fini ! Tu n'as plus qu'à recommencer pour en faire un second.

Le matériel

- un morceau de ficelle d'au moins 3 m
- 26 grands bouts de ficelle de 3,90 m
- 14 petits bouts de ficelle de 10 cm
- 2 poteaux

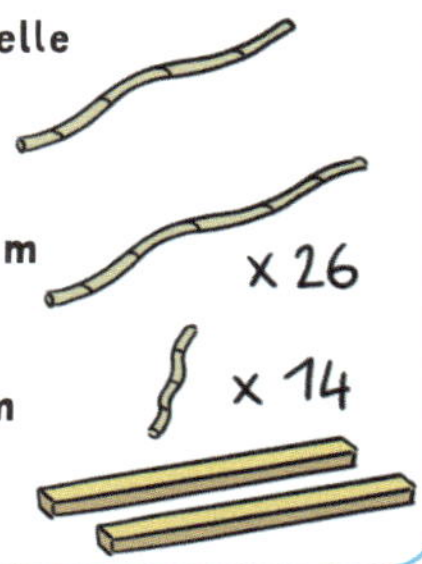

Le filet

1 Tends le morceau de ficelle de 3 m entre 2 poteaux espacés de 2,50 m.

2 Plie un morceau de ficelle de 3,90 m en 2 parties égales pour obtenir une boucle.

3 Place cette boucle sur la ficelle tendue, près d'un poteau, et fais un nœud serré avec les deux brins pour que la boucle ne coulisse pas.

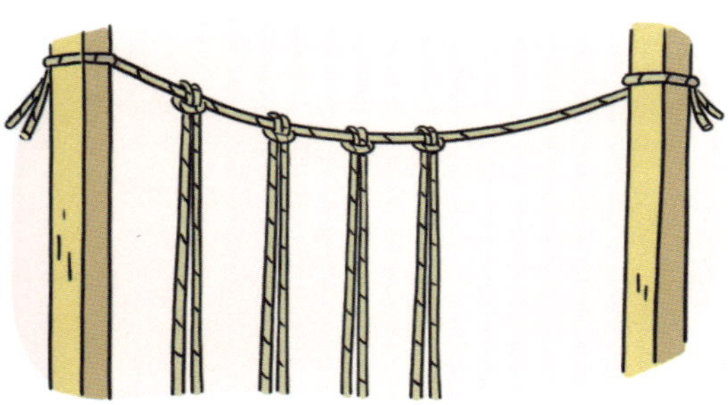

4 Répète l'étape précédente avec les 25 autres bouts de ficelle de 3,90 m, en laissant à chaque fois un espace d'environ 10 cm entre les boucles.

5 Pour tresser le filet, commence par un côté, le gauche par exemple.

6 À environ 10 cm au-dessous de la ficelle tendue, relie le brin de droite du premier morceau de ficelle avec le brin de gauche du deuxième morceau de ficelle.

7 Fais tourner les deux brins autour de ton doigt pour faire une boucle. Puis fais-les passer dans la boucle pour les nouer ensemble.

8 Renouvelle l'étape 7 avec tous les morceaux de ficelle de la première ligne.

9 Lorsque tu es arrivé au bout, répète l'opération sur la deuxième ligne, puis sur la troisième… jusqu'en bas du filet.

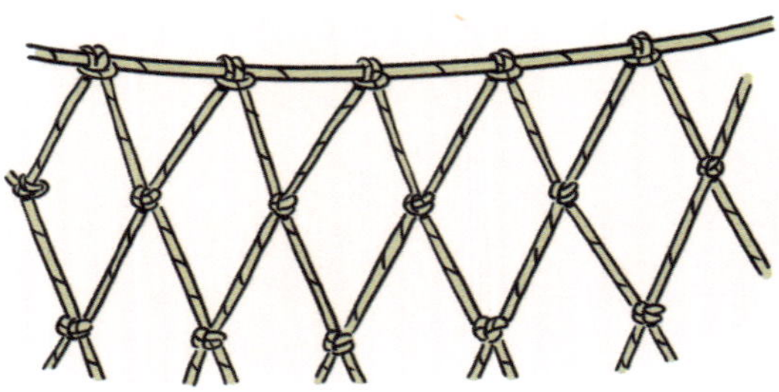

10 Ton filet est prêt, il faut l'attacher sur le but. Positionne-le sur la structure de telle façon qu'il passe derrière les deux tubes de stabilisation.

11 Accroche le filet tous les 50 cm à l'aide des petits bouts de ficelle de 10 cm : autant que nécessaire en haut, en bas et de chaque côté.

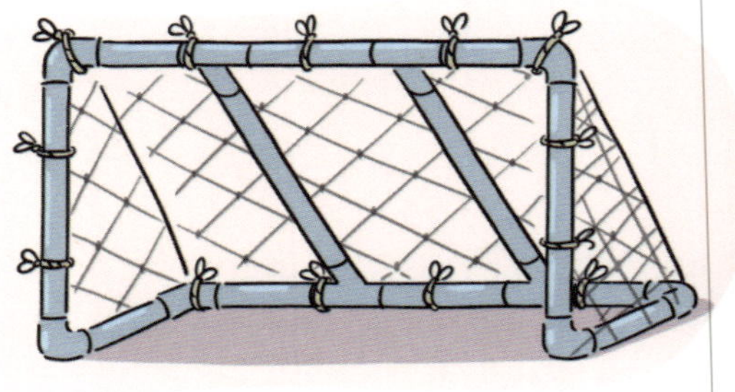

12 Lorsque les deux buts sont prêts et installés sur le terrain, on te conseille de bien les caler (avec des pierres par exemple).

Le matériel

- une petite poche en plastique
- des matériaux doux et légers : papier, tissu, mousse
- du ruban adhésif large

Le ballon

1 Remplis la poche en plastique avec des boules de papier de manière à former une boule. Tu peux aussi utiliser des bouts de tissu ou de la mousse.

2 Lorsque la poche a la forme d'un petit ballon, noue les deux poignées et introduis-les à l'intérieur.

3 Recouvre la poche de morceaux de ruban adhésif large pour que ton ballon soit le plus résistant possible.

Top départ !

Le match de mini-handball peut maintenant avoir lieu. L'aire de jeu doit être suffisamment grande :
au moins 15 m de longueur et 10 m de largeur.
Et tu auras besoin de plusieurs copains et copines pour former 2 équipes de 4.
Il te faut 1 gardien, 1 attaquant et 2 défenseurs.

Que les meilleurs gagnent !

Tu peux utiliser n'importe quel espace pour t'entraîner ou jouer au mini-handball.
Tu peux jouer sur l'herbe, le sable, le béton ou toute autre surface.

Pour marquer les lignes de ton terrain de jeu, tu peux utiliser différents matériaux :
- du ruban adhésif ;
- de la craie ;
- du sable (clair et sombre) ;
- une corde ou du tissu…

Cécifoot

Une activité de Bob Seleigue

Le cécifoot, c'est du foot sans y voir. Il se joue par équipes de 5 athlètes. Non voyants, malvoyants ou voyants, tous portent un masque occultant sur les yeux. Et le ballon émet un son en roulant. À toi de découvrir cette nouvelle pratique !

A

Matosmètre

Athlétomètre

Trainingmètre

Le matériel

- des lunettes de natation
- un mélange de peinture noire acrylique et de colle blanche liquide (colle vinylique)
- un pinceau
- 2 petites boîtes de conserve vides et propres
- des petits cailloux
- du ruban adhésif renforcé
- un vieux ballon de foot incisé par un adulte
- du papier journal

Préparation

1 Pour faire un masque occultant, peins les verres de tes lunettes de natation avec le mélange de peinture noire (10 cl) et de colle (5 cl). Laisse sécher avant d'ajouter une deuxième couche.

2 Pour faire le ballon sonore, place quelques petits cailloux à l'intérieur d'une des deux boîtes de conserve. Pose la seconde boîte par-dessus comme un couvercle. Puis fixe-les ensemble à l'aide du ruban adhésif.

3 Demande à un adulte d'inciser le vieux ballon, à l'opposé de la valve de gonflage, en réalisant 2 ouvertures de 10 cm de longueur qui se croisent.

Tu peux aussi réaliser un masque occultant comme expliqué dans l'activité 6.

4 Forme des petites boules de papier journal. Introduis-les dans le ballon pour le remplir à moitié. Place la boîte sonore bien au centre. Puis finis de garnir ton ballon en essayant de lui redonner sa forme ronde.

5 Referme l'ouverture à l'aide du ruban adhésif renforcé. Le son que le ballon émet en roulant permet de le situer pour taper dedans.

Le matériel

- **des plots**
- **2 sifflets**
- **de la corde**
- **4 piquets**

Quelques règles de sécurité à respecter pour ne pas se blesser :
- se tenir droit, ne pas baisser la tête, placer ses mains en avant ;
- se signaler verbalement en criant « *yo voy* », ce qui signifie « je vais » ou « j'y vais » en espagnol.

Top départ !

Ce jeu se joue par équipes de 2 sur un terrain de 8 × 6 m avec des en-but de 1 × 6 m balisés par des plots. Tu peux délimiter les longueurs du terrain avec de la corde tendue entre 2 piquets.

Dans chaque équipe, il y a un joueur masqué et un guide. Les joueurs doivent amener le ballon dans l'en-but adverse pour inscrire un point, en le contrôlant avec les pieds.

Les guides présents au bord du terrain indiquent leur direction à leur coéquipier en criant ou avec un sifflet.

Badminton facile

Parmi les sports qui nécessitent une raquette, il y a le badminton. Il faut envoyer un volant au-dessus d'un filet. Nous, on te propose de jouer au badminton... sans pour autant sortir le filet, les raquettes et le volant...

Matosmètre

Athlétomètre

Trainingmètre

Le matériel

- 2 seaux
- 2 manches à balai
- de la ficelle
- du sable
- des petits ballons de baudruche
- 2 assiettes en carton
- 2 bâtons en bois assez fins de 20 cm environ
- un pistolet à colle et ses bâtons de colle
- du ruban adhésif assez large

Le filet et les poteaux

1 Remplis les deux seaux avec du sable. Puis enfonce dans chacun d'eux l'extrémité d'un manche à balai. Les manches doivent tenir seuls, verticalement.

2 Accroche la ficelle entre les deux poteaux ainsi obtenus.

Tu peux aussi tendre une ficelle entre deux arbres.

Les raquettes

1 Pour fabriquer une raquette, c'est simple. Commence par coller un bâton en bois derrière chaque assiette en carton.

2 Pour qu'elle soit plus solide, renforce la fixation avec du ruban adhésif.

Comme pour tous les sports de raquette, on peut jouer au badminton en simple (2 joueurs face à face) ou en double (double hommes, double femmes ou double mixte).

3 Si tu veux, tu peux décorer ta raquette pour la personnaliser. Mais tu devras en prendre soin, pour pouvoir jouer le plus longtemps possible !

Le volant

Pour remplacer le volant, gonfle un petit ballon de baudruche.

Quand il y a trop de vent à l'extérieur, tu peux utiliser ce jeu de raquettes en intérieur… sans filet.

Le volant désigne au badminton le projectile que des joueurs se renvoient à l'aide de raquettes.

Top départ !

Ce sport se pratique à 2 : un joueur de chaque côté du filet.

Le joueur qui commence lance le ballon en l'air et le frappe à l'aide de sa raquette pour l'envoyer de l'autre côté du filet. L'autre joueur doit le renvoyer avec sa raquette.

On marque un point si le joueur adverse ne renvoie pas le ballon ou s'il ne réussit pas à le renvoyer par-dessus le filet.

Le joueur qui marque 10 points remporte le match et repart avec une médaille.

En principe, au badminton, les matchs se jouent en 2 sets gagnants et les sets se jouent en 21 points.

ATTENTION, ÇA MOUILLE !

Voici venu le temps d'adapter certaines activités sportives pour les pratiquer avec de l'eau... Tu vas pouvoir construire des mini-bateaux pour faire des courses et organiser des épreuves de tir au pistolet à eau... Tout un stock de compétitions qui vont rafraîchir les participants !

L'activité

de Walter O'Phil

L'activité

de Bob Seleigue

L'activité
d'Anne de Balleux

L'activité
d'Inès Krimeu

Drôles de lancers

Dans la catégorie des lancers, il y a les lancers du poids, du javelot, du disque et du marteau. Mais nous, on te propose une épreuve de lancer bien plus drôle et éclaboussante. C'est le lancer de balles-éponges.

Matosmètre **Athlétomètre** **Trainingmètre**

Le matériel

- des éponges de différentes couleurs (au moins 3)
- une paire de ciseaux
- un élastique
- un seau rempli d'eau
- une craie ou de la ficelle

Préparation

1 Choisis 3 éponges de différentes couleurs. Mais attention ! Ne prends pas des éponges avec un côté pour récurer.

2 Découpe chaque éponge dans le sens de la longueur, pour former des bandes.

3 Empile ensuite les frites d'éponge les unes sur les autres, en mélangeant les couleurs. Forme ainsi 3 rangées de 3 frites.

Pas d'élastique pour attacher tes frites d'éponge ? Utilise de la ficelle. L'essentiel, c'est de serrer le plus fort possible. Sinon, une fois humide, ta balle-éponge partira en mille morceaux.

4 Puis, avec un élastique solide, attache-les ensemble en serrant bien le tout. Fais plusieurs tours d'élastique si c'est nécessaire.

5 Écarte un peu les extrémités des frites d'éponge pour obtenir une forme de balle.

6 Répète toutes ces étapes pour préparer autant de balles-éponges que tu souhaites en avoir pour chaque lanceur.

Top départ !

Un seau rempli d'eau et hop ! tu peux organiser ton épreuve de lancer.

Chaque lanceur doit envoyer sa balle-éponge bien humide le plus loin possible. Attention aux éclaboussures !

Si tu joues dans l'herbe, délimite les anneaux avec de la ficelle.

Quand tu as fini de jouer, laisse sécher tes balles-éponges à plat à l'air libre. Elles doivent être complètement sèches avant d'être rangées, pour éviter toute moisissure.

Tu peux aussi dessiner une cible sur le sol avec une craie.

Attribue alors un nombre de points à chaque anneau.

Celui qui marque le plus de points avec 3 lancers de balle-éponge imbibée d'eau remporte l'épreuve et la médaille d'or.

Bateau sur l'eau

L'aviron est un sport qui se pratique en bateau. L'embarcation est propulsée à la force de rames, elles-mêmes appelées « avirons ». Elles sont fixées au bateau. À toi de créer ton système de propulsion sur des mini-bateaux !

Le matériel

Pour chaque embarcation :

- une petite bouteille en plastique de 50 cl
- un bâtonnet à glace
- 4 élastiques
- des baguettes chinoises
- du ruban adhésif isolant
- une bobine de fil
- une paire de ciseaux

Préparation

1 Coupe en deux un bâtonnet à glace. Et place un élastique entre les deux morceaux superposés.

2 Coince l'élastique de chaque côté avec du ruban adhésif que tu entoures autour des demi-bâtonnets. Tu viens de construire une roue à aubes à 2 pales.

3 Positionne 3 élastiques autour de ta bouteille : en haut, au milieu et en bas.

Si les élastiques sont trop grands, fais plusieurs tours.

4 Glisse 2 baguettes sous les élastiques ; une de chaque côté de la bouteille. Maintiens le tout à l'aide du ruban adhésif en l'enroulant à 2 endroits différents. La coque de ton embarcation est terminée.

5 Pour assembler celle-ci avec son système de propulsion, place ta roue à aubes à l'arrière de la bouteille en la fixant sur les deux baguettes à l'aide de l'élastique.

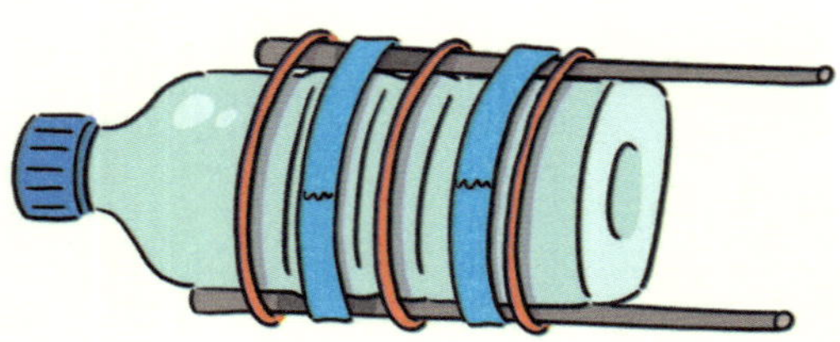

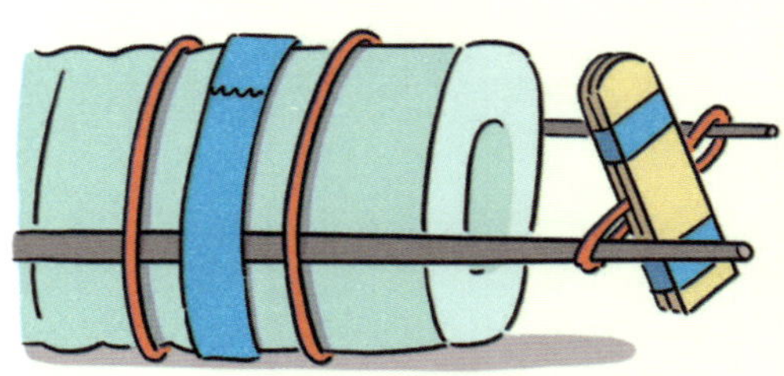

Top départ !

Tu peux maintenant essayer de faire fonctionner ton embarcation dans une baignoire ou dans un bac rempli d'eau.

Enroule plusieurs fois l'élastique de la roue à aubes vers toi et maintiens-le pendant que tu déposes ton bateau à la surface de l'eau. Lorsque tu le lâches, il avance tout seul.

Lorsque tu tournes la roue à aubes pour enrouler l'élastique, celui-ci accumule de l'énergie. Lorsqu'il se déroule, l'énergie fait tourner la roue à aubes, dont la surface plate pousse l'eau vers l'arrière, ce qui fait avancer le bateau.

Pour organiser une compétition, tu dois trouver un plan d'eau plus grand (une piscine, un lac...) et fabriquer d'autres embarcations.

Le bateau gagnant est celui qui parcourt la plus grande distance ou franchit la ligne d'arrivée en premier.

N'hésite pas à améliorer les performances de ton bateau. Pour cela, tu peux essayer de varier le nombre de tours d'élastique autour de la roue à aubes, changer la dimension ou la forme de celle-ci...

Astuce ! Si tu joues dans la nature, sur un lac par exemple, pense à accrocher un fil très long à ton bateau pour éviter de le perdre et de polluer l'environnement.

AquaTir

Il existe différents types d'épreuves de tir : à la carabine, au pistolet et au fusil. Toutes nécessitent concentration et précision. Es-tu prêt à défier tes adversaires ? Mais d'abord construis ton pistolet à eau !

Matosmètre | Athlétomètre | Trainingmètre

Le matériel

Pour tous les défis :

- une bassine pleine d'eau

Pour chaque joueur :

- un pistolet à eau (voir page 104)
- un gobelet en plastique
- 2 tuteurs de jardin
- de la ficelle
- une paire de ciseaux

Avant de commencer, remplis une bassine avec de l'eau. Elle permettra de remplir plus facilement les pistolets. Ce sera la station de recharge pour vos pistolets à eau.

Défi 1 : Tir de rapidité

Préparation

1. Rassemble autant de gobelets qu'il y a de tireurs.
2. Perce un petit trou dans le fond des gobelets.
3. Pour chaque joueur, plante 2 tuteurs distants de 4 m l'un de l'autre.
4. Coupe un morceau de ficelle de 5 m de long et fais-le passer dans le trou percé dans le gobelet.
5. Fixe la ficelle entre les deux tuteurs de manière qu'elle soit bien tendue et positionne le gobelet près du tuteur de départ.

Top départ !

Chaque joueur se place près de son tuteur de départ.

Il faut viser le fond du gobelet pour le faire avancer sur la ficelle.

Le premier arrivé au bout remporte ce premier défi.

Il y a 3 positions de tir : à genoux (où l'athlète met un genou à terre et pose son coude sur l'autre genou), couchée et debout.

Défi 2 : Tir de précision

Préparation

Le matériel

Pour chaque joueur :

- **un pistolet à eau**
- **3 bouteilles de 1,5 l**
- **du sable**
- **3 balles de ping-pong**
- **une craie ou un bout de ficelle**

1. Pour chaque joueur, remplis 3 bouteilles avec du sable.
2. Aligne ces trois éléments sur un sol bien plat.
3. Place une balle de ping-pong sur l'ouverture de chaque bouteille.
4. Avec une craie ou un bout de ficelle, marque la zone de tir au sol, à environ 2 m des bouteilles.

Lors de championnats de tir sportif avec un pistolet, les athlètes doivent atteindre une cible à 10, 25 et 50 m de distance. Certaines épreuves se déroulent avec une carabine, d'autres avec un fusil.

Chaque joueur se met en position de tir : un genou au sol et le coude du bras tenant le pistolet appuyé sur l'autre genou.

Il ne reste plus qu'à viser les balles de ping-pong.

Le premier à les faire toutes tomber avec son jet d'eau gagne cette épreuve.

Pour construire un pistolet à eau

Le matériel

- **une petite bouteille en plastique vide** 
- **la gâchette, avec son tuyau, d'un pulvérisateur vide (de liquide nettoyant pour les vitres par exemple)** 
- **un pistolet à colle et ses bâtons de colle** 

1 Rince bien la gâchette et le tuyau du pulvérisateur.

2 Avec le pistolet à colle, fixe la gâchette sur la partie haute de la petite bouteille en plastique.

3 Utilise les ciseaux pour réaliser un trou dans la partie basse de la petite bouteille en plastique. Le trou doit être aligné avec la gâchette. Tu peux aussi le faire au milieu du fond (en fonction du modèle de ta petite bouteille et de la longueur du tuyau).

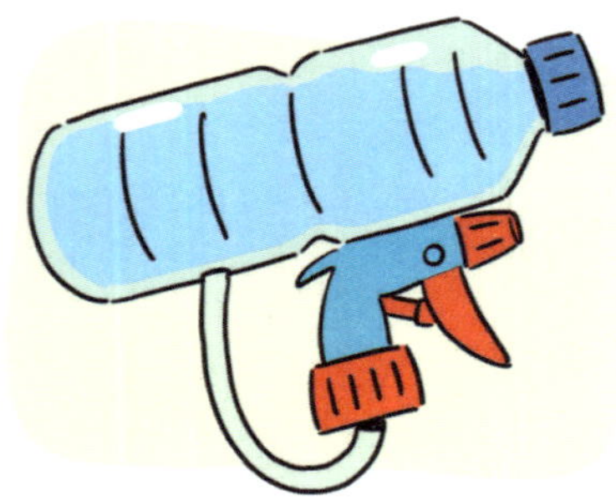

4 Insère le tuyau qui part de la gâchette dans le trou que tu viens de faire. Puis mets de la colle tout autour pour le maintenir et rendre ton système étanche.

Lorsque tout est bien sec, verse de l'eau dans la bouteille puis referme-la. Te voilà prêt à tirer au pistolet… à eau !

Défi 3 : Tir de rapidité et de précision

Le matériel

Pour ce défi :

- un chronomètre

Pour chaque joueur :

- un pistolet à eau
- un gobelet
- une assiette en plastique
- une pique à brochette
- un pistolet à colle et ses bâtons de colle
- du gravier

Préparation

1 Commence par coller ton gobelet au milieu d'une pique à brochette.

2 Colle ensuite une assiette en plastique au-dessus du gobelet. Ce sera la cible à viser, et cela permettra à l'eau de couler dans le gobelet.

3 Enfonce la base de la pique à brochette dans le sol du jardin et entoure le gobelet de gravier pour que ton montage ne tombe pas pendant l'épreuve. Tu peux aussi appuyer le tout contre un mur.

4 Prévois autant de cibles que de participants.

Top départ !

Pour ce défi, chaque joueur doit s'allonger au sol à environ 2 m de sa cible.

Quand tous les tireurs sont en position, l'épreuve peut commencer.

Pour gagner, il faut viser l'assiette et remplir son gobelet avec le plus d'eau possible en seulement 1 minute.

> Pour comparer les niveaux d'eau entre les gobelets et savoir qui a remporté une médaille à cette épreuve, tu peux utiliser un verre doseur gradué.

Hisse les voiles !

Dans les compétitions internationales, les épreuves de voile évoluent en permanence. Les bateaux utilisés sont conçus pour être de plus en plus petits et légers. Si tu aimes la mer et les bateaux, alors prépare-toi à construire des mini-voiliers très pratiques !

Matosmètre

Athlétomètre

Trainingmètre

Le matériel

- des bouchons de liège
- des élastiques
- des demi-coquilles de noix vides
- de la pâte à modeler
- des cure-dents
- une paire de ciseaux
- un crayon
- une feuille de papier mousse
- une bassine rectangulaire
- de l'eau
- des pailles

Les voiliers utilisent seulement la force du vent pour se déplacer. Donc plus ta voile sera grande, plus elle captera le vent et fera avancer vite ton bateau. Mais fais bien attention, si elle est trop grande, elle risque de le faire chavirer. À toi de trouver le bon équilibre !

Les voiles et le mât

1 Avec ton crayon, trace une voile dans la feuille de papier mousse, puis découpe le contour. Pour dessiner la voile, tu peux choisir des formes différentes : un carré, un triangle, un trapèze…

Amuse-toi à les tester.

2 Pour former le mât, transperce la voile avec le cure-dents. Fais un trou au milieu en haut de la forme que tu as choisie et un autre au milieu en bas.

La coque version « coquille de noix »

Mets une petite quantité de pâte à modeler dans une demi-coquille de noix.

Puis plante le cure-dents dans la pâte à modeler.

Voilà, ton voilier « à la noix » est prêt.

La coque version « bouchons flotteurs »

Attache 3 bouchons de liège les uns aux autres avec 2 élastiques (placés à chaque extrémité).

Pour fixer le mât au bon endroit, plante-le dans le bouchon au milieu du bateau.

Ton second voilier peut prendre le large !

Le terrain de jeu

Verse de l'eau dans une bassine rectangulaire et, avec tes copains, testez la flottaison de tous vos bateaux.

« Skipper » est le nom qu'on donne au pilote d'un bateau à voile.

Top départ !

Chaque skipper aligne son embarcation sur l'eau, le long d'un petit côté de la bassine.

Chacun se sert d'une paille pour souffler sur la voile de son bateau et le faire avancer.

Le premier à traverser la bassine remporte la médaille d'or.

INDEX DES SPORTS

À toi les compètes sympas et les sports rigolos !
Réunis quelques copains et… que le meilleur gagne !